Sprach- und Kommunikationsförderung in musischen Einheiten

D1868601

Elementar-

und

Primarbereich

Giselher Gollwitz

Georg-Britting-Schule f. Sprachbehinderte

Regensburg

ADRESSE FÜR BESTELLUNGEN:

Verlag Giselher Gollwitz
Kanalstraße 12
8403 Bad Abbach
Tel. 0 94 05/25 00

ISBN 3-9800728-0-0
Copyright 1982 by Giselher Gollwitz Selbstverlag
Regensburg
Nachdruck und fotomechanische Vervielfältigung
nur mit ausdrücklicher Genehmigung des Verfassers

Druck: Studio Druck, Regensburg

9. Auflage 1996

INHALT

Der Mensch, der imstande ist,
neue Beziehungen einzugehen,
vermehrt nicht das Haben,
sondern das Sein.

Gabriel Marcel

VORWORT

Das Wort "Kommunikation" ist zu einem sehr gebräuchlichen Ausdruck geworden. In seiner ursprünglichen Bedeutung meint es sowohl "Gemeinsamkeit" als auch "Mitteilung".

Infolge der revolutionären Aufwertung der Information wurde der Faktor "Mitteilung" innerhalb der Kommunikation zum absoluten Schwerpunkt gemacht. Die großen Erfolge bei der Nachrichtentechnik bezeugen den Wert dieser Entwicklung.
Im sozialen Bereich sollten wir jedoch Grenzen setzen. Eine humane Pädagogik will nicht die curricularen "Fertigprodukte" und das Überangebot an Information zum zentralen Inhalt machen.
Unser Ziel sollte sein, echte Beziehungen einzugehen, indem wir die Ganzheit der Person in den Vordergrund rücken. So betrachtet ist auch das noch in der Entfaltung begriffene Kind etwas " in sich Stimmiges ".

Meine Arbeit verfolgt daher den Zweck, die Sprachförderung in einen großen Zusammenhang zu stellen: das Kind als Gemüts-, Sinnes- und Körperwesen soll angesprochen werden. Eingebettet in das soziale Feld seiner Gruppe soll es sich in all seinen Wahrnehmungsfunktionen selbst erkennen und das Instrumentarium seiner sprachlichen und kommunikativen Möglichkeiten ausschöpfen bzw. Barrieren überwinden.

Unser Tun wird hierbei zum stets sich entfaltenden schöpferisch-intuitiven Prozeß.

Giselher Gollwitz

EINLEITUNG

Beim Umgang mit meinen sprachbehinderten Grund- und Vorschulkindern merke ich oft , daß das allgemeine didaktische und pädagogische Rüstzeug nicht ausreicht.
Auch von Kollegen aus der Grundschule höre ich immer wieder Klagen darüber , wie unbeteiligt und oberflächlich gelernt wird.
Selbst an Kindergärten scheint manchmal die geordnete und ordnende Gemeinschaft zu fehlen.

Ich möchte im Folgenden über das , was ich bereits im Vorwort angesprochen habe , hinausgehen .

Pädagogen haben öfter das Problem , alle Kinder für eine Gruppe zu motivieren.
Ein Rezept kann ich zwar auch nicht dafür geben , wie man einen positiven Gruppengeist entwickelt .
Wichtig ist aber sicherlich die bejahende Haltung, mit der ich auf das Kind "in seiner ganzen Persönlichkeit" zugehe!
So fokusiere ich nicht seine Defekte , sondern schaue auf das , was es schon kann.
Ich erkenne , daß es dem Kind in der Gemeinschaft Spaß macht , zu sehen , zu hören ,zu riechen ...
Dabei werden die Sinnestätigkeiten von Woche zu Woche ausdifferenziert und koordiniert. Dies fördert zugleich die Sprache und das Sozialverhalten.

Alles in allem ist dieses Vorgehen kein Umweg , sondern oft der einzige Weg , um die in der Schule so notwendige Lern - und Leistungsbereitschaft zu schaffen.
Daher sind diese Einheiten konzipiert für Kindergärten,schulvorbereitende Einrichtungen , Grund - und Sonderschulen.

THEMA: GUTEN MORGEN

THERAPEUTISCHE ZIELE:
motorische , taktile , affektive und soziale Aspekte

MATERIALIEN:
keine

VERLAUF:

1. nonverbales Spielen:

- Die Kinder reichen sich im Kreis die Hände.
  Der morgendliche Gruß wandert in Form eines ganz leichten Händedrucks herum. - Evtl. nur mit den Fingerkuppen berühren lassen und die Augen schließen.

  Variante - Die Kinder bilden einen engen Kreis , indem sie Schulter an Schulter stehen. Hier soll der Druck so sanft sein , daß jede sichtbare Bewegung vermieden wird.
  - Im Sitzen kann der Impuls mit den Füßen weitergegeben werden.

- Partnerspiele
  Immer diejenigen Kinder schließen sich zusammen , die sich am Morgen etwas ganz Besonderes "zu sagen" haben. Sie setzen sich Rücken an Rücken auf den Boden und kommunizieren , indem sie sich abwechselnd (oder auch gleichzeitig) aneinander reiben.
  Hinweis: Das wärmende Körpergefühl sollte positiv erlebt werden.
  Variante - Aufeinandergelegte Fußsohlen bzw. Handflächen vermitteln ein ähnliches kommunikatives Gefühl. Nur müssen hier Arme und Beine mitbewegt werden.

  Zwei Kinder stehen sich so gegenüber , daß jedes ins Gesicht des anderen blicken kann.

Ein Kind schließt die Augen . Das andere streichelt mit beiden Handflächen sanft über dessen Körperseiten vom Kopf bis zu den Füßen und zurück.
Danach wird gewechselt.
Variante - Das aktive Kind sagt leise und langsam "Guten Morgen" . Diese beiden Wörter können so gedehnt werden , daß abwärts "Guten" und aufwärts "Morgen" gesprochen wird.
-Anschließend kann man auch noch über die erlebten Gefühle sprechen.

2.verbales Spielen :

-Die Kinder stellen sich wieder im Kreis auf . Ein Kind fängt an zu singen:

"Guten Morgen wünsch' ich hier.
Beide Hände reich' ich dir!"

Melodieverlauf: do-do re-re mi-mi so

Dem Wortlaut des Liedes entsprechend verneigt sich das Kind erst vor allen Anwesenden und bewegt sich dann auf ein einzelnes Kind zu.
Nun ist das zweite Kind an der Reihe ...

-Selbst sprechscheue Kinder werden aktiv ,wenn man sie einmal in einer fremden Sprache singen läßt . Ich wähle hin und wieder ein Lied aus , welches nach der bekannten Melodie "happy birthday to you" gesungen werden kann:

"Good morning to you,good morning to you.
Good morning,good morning,good morning to you!"

Es ist zweckmäßig , dieses Lied zweimal zu singen . Beim ersten Mal verneigt man sich händeschwingend vor allen im Kreis ,um dann beim nächsten Mal einzelne Kinder zu begrüßen.

THEMA : Seifenblasen / B

THERAPEUTISCHE ZIELE:
Erfolgserlebnis durch Beschränkung auf einfache Lautbildung
Schaffung eines stimmhaften,leicht behauchten und lockeren Lautes
lockerer Lippenverschluß
auditive,visuelle,motorische,taktile und soziale Aspekte
Atmung

MATERIALIEN:
Gläser,Seifenwasser,Strohhalme,Seifenblasen-"Ring" (evtl.groß)

VERLAUF:

1. Hören: Wer(im Kreis)das Platzen der Seifenblasen hört,meldet sich leise!
Variante - Die Kinder sind im Raum verteilt . Die Augen sind geschlossen . 2-3Kinder bilden leise den B-Laut . Die Kinder sollen angeben , aus welcher Richtung dieser Laut zu hören war und evtl. Reihenfolgen nennen.

2. Atmen:
-Wer bläst die größten Seifenblasen? - Ganz besonders imposant ist die Erzeugung von "Riesen-Seifenblasen" mit einem großen Kunststoffring , wie er im Handel erhältlich ist.
-Der "Seifenblasen-Berg" :Eine geringe Menge Seifenwasser wird in ein Glas gegeben.Dann wird mit einem Strohhalm geblasen.Es schäumt sehr schnell über.
Variante- Man erzählt hierzu die Geschichte vom "süßen Brei"

3. Spielen
Die beiden Hände werden zu Fäusten (=Seifenblasen) geballt. Jeder darf seine zwei "Seifenblasen" platzen lassen. Bedingung: Es dürfen nie zwei "Seifenblasen" gleichzeitig platzen.
Varianten - Der ganze Körper fällt locker zusammen //
Der B-Laut wird mit aufgeblasenen Backen gebildet.

4. Soziales Spielen

"Der Ball des Zauberers geht um"

Die Kinder stehen im Kreis.Die Hände werden auf die Schultern beider Nachbarn gelegt,die Augen werden geschlossen.

Ein Kind beginnt nun , den B-Laut locker und leise auf den Handrücken des Nachbars zu blasen.So wird dieser Laut von Kind zu Kind "weitergereicht".

Variante - Einkleidung des Geschehens in eine phantasievolle Zauberer-Geschichte.

5. Malen

Seifenblasen werden in eine große Zahl von B - Buchstaben eingemalt . Der B-Laut sollte hierbei gesprochen werden:

Variante - Die Kinder sprechen : "Blumen blühen ,Blu...
Sie malen simultan Kreise in die Blütenblätter

6. Sprechen und Bewegen

"Die Blasen blubbern blubb-blubb-blubb, sie blubbern immerzu . Sie blubbern links , sie blubbern rechts , und dann ist wieder Ruh' !"

Die platzenden Seifenblasen werden mit den Händen dargestellt in lockerer und tänzerischer Bewegung .

THEMA : Luftballone / F , P

THERAPEUTISCHE ZIELE :

Schaffung eines gedehnten stimmlosen Reibelautes
Schaffung eines stimmlosen und stark behauchten Lautes
kräftiger Lippenverschluß
auditive,motorische und soziale Aspekte
Atmung

MATERIALIEN :
Luftballone

VERLAUF :

1.Hören:
Zur Demonstration werden aufgeblasene Luftballone losgelassen.Die Luft kann entweichen. Die Ballone fliegen wild umher.
Wer kann die Flugbahn eines Luftballons "blind" (mit geschlossenen bzw. verbundenen Augen) verfolgen ?

2.Spielerisches Atmen und Bewegen:
-Die Flugbahn eines Luftballons wird mit dem Körper tänzerisch nachvollzogen; simultan wird der Laut F gebildet.

-Alle Kinder spielen gleichzeitig "losgelassene Luft - ballone ".

Zu beachten ist, daß der Luftballon nicht nur in alle möglichen Richtungen fliegt , sondern dabei auch ständig immer kleiner wird.

-Der ganze Körper ist ein"Luftballon". Mit jedem Atemzug (Ausatmen mit dem Laut F : Ffff - Ffff)richtet sich der Körper mehr auf, bis "der Luftballon aufgeblasen ist". Wenn der Körper gestreckt ist, dann "platzt der Luftballon".Das Kind läßt seine Lippen platzen und ruft "peng" bzw. "p".Dabei fällt es schlagartig zu Boden.

3.Soziales Spielen;

Die Kinder stehen im Kreis und spielen "prall aufgeblasene Luftballone ". Ein Kind in der Kreismitte spielt die Nadel . Es läßt in beliebiger Reihenfolge die Ballone platzen.Gesprochen wird "pick" und "peng".

4. Sprechen und Bewegen:

Folgender Text wird von möglichst vielen Kindern (Partnerspiel) in Szene gesetzt:

"Die Nadel sagt zum Luftballon:So komm' doch einmal her!
Dem Luftballon dagegen gefiel das gar nicht sehr.
Die Nadel kam heran und faßt' den Ballon an.
Doch dieser platzte "peng" vor Schreck
und pustete die Nadel weg ! "

Ich konnte die Erfahrung machen,daß Kinder dieses Spiel gerne und sehr häufig mit den verschiedensten Partnern (auch mit dem Lehrer)durchspielten und viele Variationen erfanden.Selbst diejenigen Kinder, welche Zuschauer waren , verbalisierten unermüdlich die Szene mit.

THEMA : BALLON-MÄNNCHEN/B,P

THERAPEUTISCHE ZIELE:

Unterscheidung der Verschlußlaute "P" und "B"

MATERIALIEN:

Ballone, Fingerfarben, Scheren, Kartons

HINWEIS:

Die Themen "Seifenblasen" und "Luftballone" sollten bereits behandelt sein.

VERLAUF:

1. Herstellung von "Ballonmännchen":

Je nach Größe der Ballone werden aus den Kartons "Füße" herausgeschnitten - in geeigneter Größe wie in der Zeichnung dargestellt.

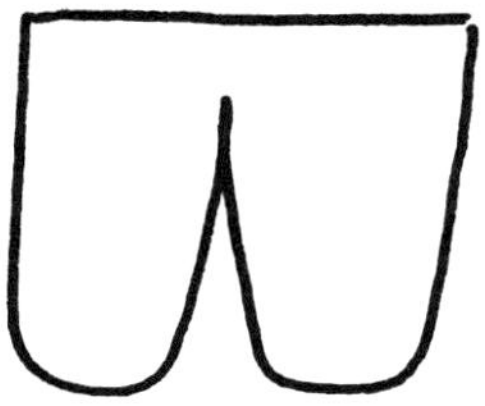

Die Ballone werden aufgeblasen, verknotet und an diese Kartonfüße angeklemmt. Schließlich werden die Ballone noch mit Fingerfarben bemalt.

2. Hören und Lautieren

Wir lassen das Ballonmännchen hüpfen und produzieren das Gehörte lautlich nach: B -- B -- B - B - B B B BBB

auf der Ebene

die Treppe herunter
(melodisch!)

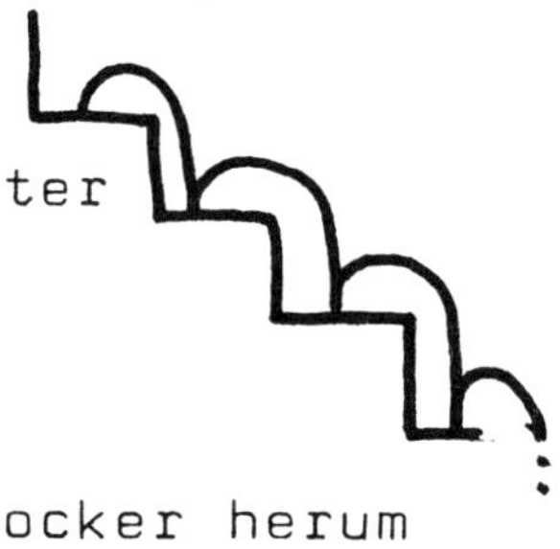

3. Spielen

- Wir hüpfen mit dem Ballonmännchen.
- Wir spielen Ballonmännchen, hüpfen ebenso locker herum und lautieren : B B B...
- Wir singen im Dreitonraum:

"Bi - Ba - Ballonmann,
hüpft so gut er kann!"

Ein Kind spielt die Nadel. Sobald ein "Ballonmännchen" von ihm berührt wird , platzt dieses ("P"), fällt zu Boden und singt nicht weiter.

4. Weitere Differenzierung der Verschlußlaute "P" und "B":

Ballon oder Seifenblase

Die Kinder stehen im Kreis. Sie dürfen entweder eine Seifenblase oder einen Luftballon spielen und "platzen". Sie wissen bereits:

Seifenblase - kleine Bewegung, locker, leise

Luftballon - große Bewegung, gespannt, laut

5. Anwendung im Lied:

-"Es tanzt ein Bi-Ba-Butzemann in unser'm Kreis herum..."
(Die Melodie wird als bekannt vorausgesetzt)
Immer wenn der B-Laut gesungen wird, patschen die im Kreis sitzenden Kinder locker und leicht auf ihre Oberschenkel.

-"Es fliegt ein Pa-Pa-Papagei in unser'm Kreis herum,
fidibum!
Es fliegt ein Pa-Pa-Papagei in unser'm Kreis herum.
Er pickt das Korn , er putzt sich gern , er plaudert
gern mit seinem Herrn.
Es fliegt ein Pa-Pa-Papagei in unser'm Kreis herum."
(die Melodie des "Butzemann"-Liedes wird voll übernommen)
Immer wenn der P-Laut gesungen wird, patschen die im Kreis sitzenden Kinder kräftig und lautstark auf ihre Oberschenkel.

THEMA : D R A C H E N / CH

THERAPEUTISCHE ZIELE:

Schaffung der Engelaute Ch_1 und Ch_2

Atmung

motorische und soziale Aspekte

MATERIALIEN:

Buntpapier,Scheren,Klebstoff

VERLAUF:

1.Herstellen von Drachen aus Papier

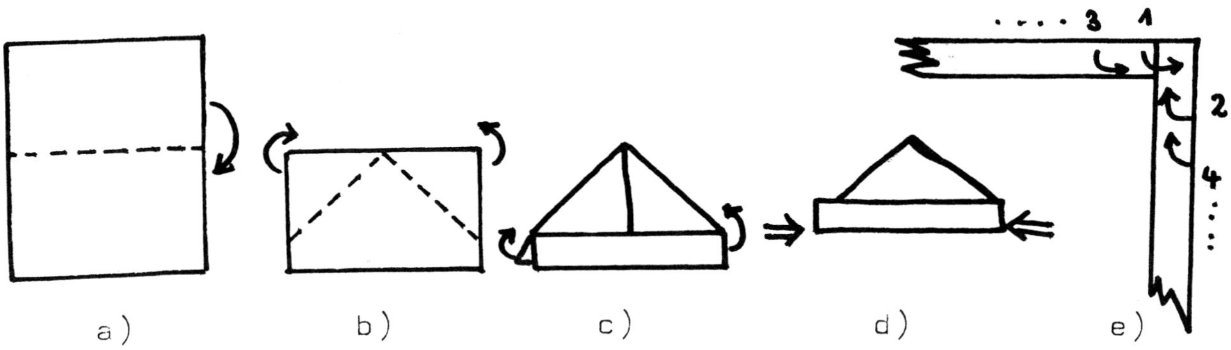

Das Papier wird in 4 Schritten gefaltet .Bei d) ist zu beachten,daß durch einen leichten Druck in die beiden Pfeilrichtungen aus dem "Hut" ein "Drachenmaul" wird. Wenn wir noch Augen,Zahnreihen und Feuerzunge einkleben, ist der Drachenkopf fertig.Den Drachenschwanz fertigt man,indem man zwei lange,verschiedenfarbige Papierstreifen wie in e) dargestellt"ziehharmonika"-artig ineinander verschlingt. Nun fehlen noch die beiden Flügel.

2.Einstellen des Ch_2-Lautes

Ein Drachen kann bekanntlich fauchen und Feuer speien. Diesen affektiven Umraum kann man den Kindern über ein frei erzähltes Märchen oder ein Bilderbuch vermitteln (z.B. "Wenn du einen Drachen hast" von Lilo Fromm Ravensburg 1973 2.Al)

Der Ch_2-Laut wird"eingestellt" , indem man den Mund ganz weit öffnet,wie es der feuerspeiende Drache auch tut. Eine Demonstration mit dem Modell bietet sich an.

3. Atmen / Ch_1,Ch_2 :

Hinweis: Das Spiel mit den Vokalen sollten die Kinder schon kennen.

Da Drachen auch fliegen können , bietet sich folgende Atem- und Lautierübung an.
Alle Mitspieler sitzen auf einem Stuhl und im Kreis. Jeder hat seinen Papierdrachen bei sich. Ein Stuhl bleibt allerdings frei. Das Kind ,welches zur Rechten den freien Stuhl hat , blinzelt jeweils einen Drachen an. Dieser wird dann in hohem Bogen zum neuen Platz bewegt . Das Kind , welches den Drachen führt , soll in einem Atemzug folgendermaßen lautieren:

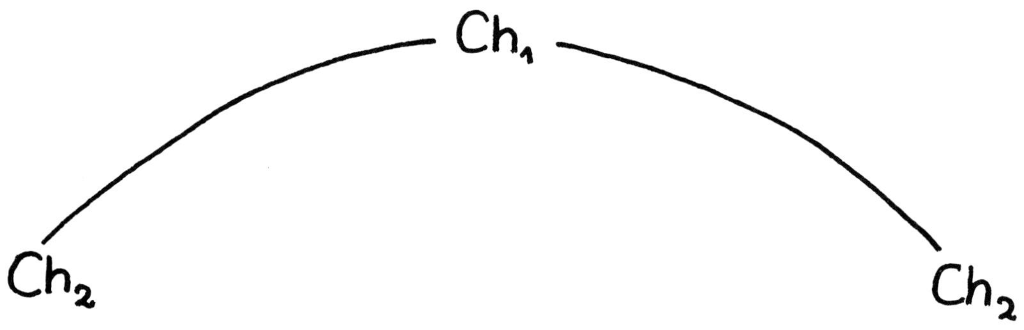

Ch_2 = tief,dunkel,entspricht dem "ch" bei "ach"

Ch_1 = hoch, hell ,entspricht dem "ch" bei "ich"

4.Soziales Spiel
"Der Drachenwächter"
In der Mitte eines Kreises sitzt der "Drachenwächter". Um ihn herum tanzen furchterregend die "Drachen".Mit den Armen "speien sie Feuer",während der Laut Ch gefaucht wird.Es kann hilfreich sein, das Ganze mit leichten Trommelschlägen rhythmisch zu begleiten.

Der "Drachenwächter" wählt den eindrucksvollsten "Drachen" aus, der ihn in seiner Funktion ablösen darf.

Bitte beachten: Es sollte nicht verkrampft und gequält lautiert werden.Lockere Armbewegungen und tänzerische Freiheit tragen meist erheblich dazu bei,daß das "Ch" organisch richtig erzeugt wird.
Bei diesem Spiel sollten typische Angstkinder (Stotterer...) nicht die Funktion des Drachenwächters übernehmen.

5.Sprechen und Bewegen:
Der "Drachen" kauert am Boden in der Mitte eines Kreises. Die Kinder bewegen sich gestikulierend rund herum und sprechen oder singen (Dreitonmelodik):

"Ach,ach,ach,drunten an dem Bach,
sitzt ein böser Drachen,
da gibt es nichts zu lachen.
Fauch' mich an !"

Beim letzten Wort springt der"Drachen"wütend auf und versucht fauchend (Ch) ein Kind zu erwischen. Die Kinder retten sich so schnell wie möglich nach außen.Wer erwischt wird , spielt beim nächsten Mal den Drachen.

THEMA: FEDER FLÄUMCHEN / F

THERAPEUTISCHE ZIELE:

Veranschaulichung des Engelautes F
Imitation von Bewegung
Atmung
Eindruck und Ausdruck

MATERIALIEN:
Flaumfedern
Xylophon
Wasserfarben, Pinsel, Zeichenpapier, Schwämme
geeignetes Musikstück - z.B. Beethovens Sonate in Cis-moll, op 27 , Nr. 2 (Mondschein-Sonate) 1.Satz

VERLAUF:

1. Elementares Erleben:
Jedes Kind darf sich eine schöne Feder aussuchen, befühlen, wegblasen und wieder einfangen ... und alles spontan verbalisieren.

2. Atmen:
"Federwölkchen"
Alle verteilen sich frei im Raum . Auf ein Signal hin blasen die Beteiligten ihre Federn hoch in die Luft und halten sie möglichst lange oben.

3. Nachahmen:
Der Flug der Flaumfedern wird genau beobachtet und imitiert. Die beiden Handflächen stellen die Federn dar .
Hier soll nur die Fallbewegung dargestellt werden. Nicht ganz einfach sind die lockeren Schaukelformen , mit denen sich Federn langsam und oft weitläufig schwebend nach unten bewegen, nachzuvollziehen.
Mit einer abfallenden Melodielinie auf einem Xylo-

phon kann der Gruppenleiter synergetisch wirken.

4. Atmen und Lautieren:

Oben gezeigter Bewegungsablauf kann auch an eine langsame Ausatmung gekoppelt werden.
Der leise Widerstand , den die feinen Flaumhaare bei der Fallbewegung der Luft bieten , läßt sich vortrefflich mit dem Laut "F" veranschaulichen.
Auch hier bilden die Unterlippe und die obere Zahnreihe bei "leiser" Lautbildung einen lockeren Widerstand.

5. Erleben und Darstellen:

"Ein Federhaufen im Wind"
Ein kleiner Federhaufen befindet sich in der Mitte eines Kreises . Die Kinder spielen den"Wind" und blasen erst leicht , dann immer kräftiger in diesen Haufen hinein. Die Federn fliegen dadurch höher und höher.
Auf ein Signal hin bläst jedes Kind nur noch gegen eine Feder und versucht diese aus dem Kreis heraus bis hin zur nächsten Wand wirbeln zu lassen.

"Wir spielen den Federhaufen im Wind"
Die Kinderhände sind wieder"die Federn"(s.Nr. 3) . Die in Form eines Haufens aufeinandergelegten Hände bilden den Ausgangspunkt. Der F-Laut ist das Zeichen des Windes, der die"Federn"zerstreut. Diese diffundierende Bewegung sollte bis hin zu den vier Wänden des Raumes reichen und möglichst locker und tänzerisch vollzogen werden . Es gelingt jedoch leichter , wenn wir das Geschehen musikalisch unterstützen. Gut eignet sich etwa Beethovens Cis-moll-Sonate .

"Federn in allen Farben"

Saugfähiges Zeichenpapier wird großflächig mit Wasser benetzt.Dies läßt sich am einfachsten mit einem grossen Schwamm bewerkstelligen.

Nun nehmen die Kinder"satte"Farben in ihre Pinsel auf und setzen Kleckse auf die noch feuchten Blätter. Immer wieder lassen sie u.U. mit musikalischer Unterstützung das Erlebnis der Diffusion und der federartigen Vergrößerung des Kleckses auf sich einwirken.

THEMA : H E R B S T - B L Ä T T E R / F W

THERAPEUTISCHE ZIELE:
Veranschaulichung der Engelaute F und W
auditive, visuelle, motorische und taktile Aspekte
Atmung

MATERIALIEN:
Herbstblätter, alte Zeitungen, Plastiksäcke, Schnüre

VERLAUF:

1. Schauen und Fühlen:
Wir sammeln Herbstblätter und legen diese in die Mitte eines Kreises. Jedes Kind darf sich ein Blatt holen, es betrachten und befühlen:
"Mein Blatt ist rot...Ich habe ein weiches Blatt...
Da sind ja Rippen drin... "

2. Schauen und Hören:
Die Kinder stehen im Kreis und spielen Herbstbäume. Jede Hand nimmt ein Blatt auf. Die Arme werden schräg nach vorne in den Kreis gestreckt. Nun darf jedes Kind zu einem beliebigen Zeitpunkt ein Blatt fallen lassen.

Als Spielregel gilt: Es sollen möglichst nie gleichzeitig zwei Blätter fallen.
Zwei Anweisungen werden noch ausgegeben:
a) Beobachte genau, wie die Blätter fallen - wie sie sich bewegen!
b) Höre genau hin, ob du das Auftreffen auf dem Boden bei allen Blättern vernehmen kannst!

3. Spielen:
- Die Beteiligten spielen nun selbst "Blätter". Sie strecken (ohne Herbstblätter) die Arme wieder aus. Ein Kind darf den Wind spielen und "die Blätter herunterblasen" :Ffff...
Wem gelingt eine eindrucksvolle Bewegung? Der W-Laut kann die Fallbewegung begleiten.

Variante - Die Fallbewegung wird von allen Kindern gleichzeitig durchgeführt.Dabei wird gesprochen oder gesungen (Dreitonmelodik):

> "Alle Blätter fallen,fallen,fallen,
> sie fallen zu Boden und schlafen ein."

Variante - Die Fallbewegung wird in Sequenzen durchgeführt.Die Kinder legen zunächst einmal fest, welche Farbe ihr Blatt hat. Der Gruppenleiter singt:

> "Alle Blätter fallen,fallen,fallen.
> Die roten Blätter fallen --------
> Die gelben Blätter fallen -------

Es sollte darauf geachtet werden , daß sich die Kinder ihre Farbe gut eingeprägt haben!

-"Blätter rauschen "

Alte Zeitungen werden in Streifen zerrissen. Das entstehende Geräusch ähnelt dem Rauschen von Blättern.

Der Gruppenleiter erzählt eine Geschichte , bei dem immer wieder das Rauschen von Blättern vorkommt,etwa:

> Der Wind bläst durch die Bäume...
> Der Jäger stapft durch den Wald...
> Viele Blätter fallen von den Bäumen...

Die Kinder achten genau auf den Inhalt der Geschichte und reagieren durch Reißen und Lautieren :Ffff...

Ergänzung - Die Papierschnitzel liegen nun in wilder Unordnung auf dem Boden.
Wir blasen sie auf einen Haufen , legen uns in diesen Haufen , decken uns zu , machen eine Papierschlacht...
Zum Schluß füllen wir alle Papierschnitzel in feste Plastiksäcke , verschnüren sie mit einer reißfesten Schnur und hängen diese Säcke als "Boxbälle" an die Decke.Auch die aggressivsten Kinder können sich dann entfalten.

THEMA : M Ä R C H E N / Vokale I E A O U

THERAPEUTISCHE ZIELE:

Veranschaulichung der Vokale über den Ausdruck und das Erleben

MATERIALIEN:

Kasperlpuppen:König,Königin,Hexe,Kröte,Eule - der König kann auch ein Prinz oder ein Kaiser sein; die Eule ein Gespenst ...
Kasperltheater
Stoffreste, alte Hüte ...

VERLAUF:

1. Vorstellen der Märchengestalten
Eine Gestalt nach der andern erscheint im Kasperltheater. Sie erzählt eine ihrer Physiognomie entsprechende Geschichte . Je typischer das Gesprochene für die gezeigte Puppe ist, desto stimmiger ist auch die Reaktion der Kinder.

Die Hexe - ... Wißt ihr , was ich heute zum Frühstück gegessen habe ? Natürlich wieder Spinnen und Krebse ...

Auslösung einer "Ekel"-Reaktion : IIiii...

Der König - Er erscheint reich und prächtig

Auslösung einer "Bewunderungs"-Reaktion : OOooo...

Die Königin - Sie ist wunderschön

Auslösung einer "Bewunderungs"-Reaktion : AAaaa...

Die Kröte - Ähnlich wie die Hexe spricht auch sie mit einer grausamen Stimme

Auslösung einer "Ekel"-Reaktion : EEeee...

Die Eule - Sie symbolisiert hier etwas Furchterregendes. Sie kennt alle Geheimnisse des dunklen Waldes.

Auslösung einer "Furcht"-Reaktion: UUuuu...

2. Einschleifung der vokalischen Reaktion:

Oben aufgezeigte Reaktionen auf Gestalten des Märchens sind zwar archetypisch verankert . Sie müssen aber so natürlich nicht unbedingt auftauchen. Im gegebenen Fall ist es daher angebracht , aus der Kindergruppe die "richtigen"Reaktionen aufzugreifen und nur diese spontan zu verstärken.
Dann können diese Märchenfiguren immer wieder in ver - schiedensten Reihenfolgen erscheinen.
In der Praxis habe ich die Erfahrung gemacht , daß es förderlich ist , die Vokalbildungen möglichst immer zu- sammen mit einer ganzkörperlichen Reaktion zu erbringen:

"I" und "E"
Der Mund wird verkrampft , die Zunge sperrt den Mundraum ab.
Der Körper und die Arme zeigen eine Abwehrhaltung.

"O"
Der Mund wird locker gerundet . Die Arme beschreiben einen "anerkennenden" Kreis.

"A"
Der Mund und die Augen werden weit geöffnet . Eine Öffnung vollzieht auch der Körper.Die Arme werden locker zur Seite hin bewegt.

"U"
Nicht nur das Gesicht ist verkrampft. Auch die Rundung des Mundes ist "gespannt".

2. Spielen

Nachdem die Kinder nun die Physiognomien der Märchenge- stalten durch Erleben und Ausdruck "in sich aufgenommen" haben, dürfen sie diese Gestalten nun selbst einmal spielen.

-Partnerspiel : Ein Kind ist Modell, ein anderes Kind ist der "Schneider" . Wenn genügend Stoffreste im Raum sind , ergeben sich meist wunderbare Ideen.

-Sprechen oder Singen.in der Gruppe:
Hinter einer Abdeckung sind verkleidete Kinder , die sich zuerst akustisch , später dann durch ihr Erscheinen in der Gruppe bemerkbar machen.
Die anderen Kinder sprechen(singen!):

> "Heut' ist das Fest im Märchenwald !
> Wir kochen und rühren , sie kommen bald.
> Da geht schon einer , ich höre 'was .
> Ich schaue hin. Ja gibt's denn das ?"

Dann reagieren die Kinder in der erlernten Weise:

"IIiii... ,eine Hexe ! Scheußlich ...

THEMA: B I E N E N G E S U M M / Vokale I E A O U

THERAPEUTISCHE ZIELE:
Veranschaulichung der Vokale über die Resonanzräume des Körpers
Klangfarbe der Vokale

MATERIALIEN:
Papiermodelle von Bienen

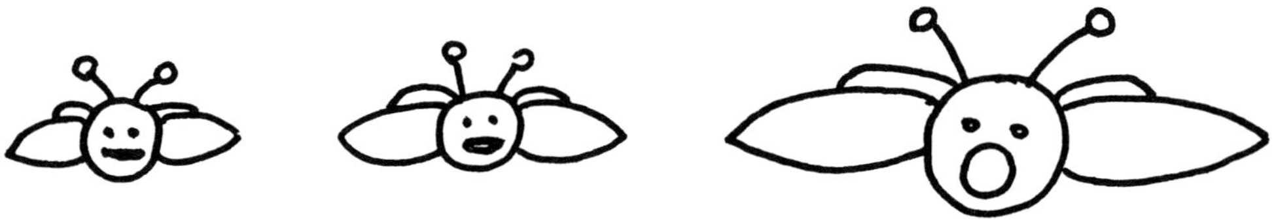

Baby Kind Mutter

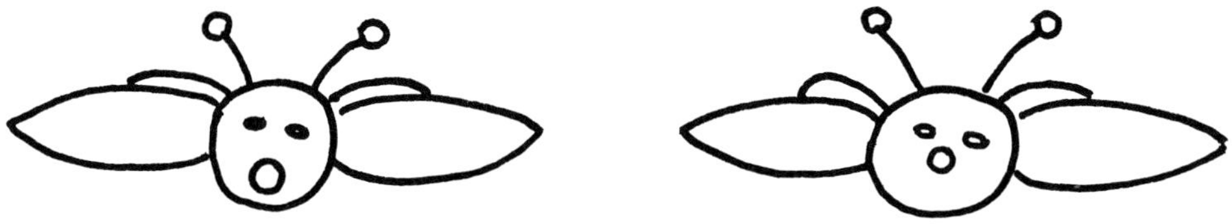

Vater Großvater

Papiermodell eines Bienenkorbes

VERLAUF:

1. Erspüren und Lokalisieren der Vibrationen am Körper bei der Vokalbildung:

-"Ausflug der Bienen"
Der Gruppenleiter erzählt die Geschichte einer Bienenfamilie,welche einen Ausflug macht :Die Bienen suchen sich eine Sommerwiese , wo sie ganz laut summen können.

Jetzt werden die Bienen-Modelle vorgezeigt.
Die Erschließung der Vokale kann von der Prägnanz der Bilder her etwa so erfolgen: Bienenmutter,Bienenbaby, Bienengroßvater ... (Das "A" kann leichter abgelesen werden als das "E")

Ich konnte die Erfahrung machen , daß der Vokal "I" bereits hier hochtoniger angesprochen wurde als der Vokal "U". Dies erleichtert den Fortgang.

-"Heimkehr der Bienen"

Der Gruppenleiter erzählt weiter ,daß die müden Bienen jetzt in ihr "Bienenhaus" zurückkehren.

Das Papiermodell des Bienenkorbes wird vorgezeigt.Man erkennt fünf verschiedene Räume.
Um zu erraten, wer von den"Familienmitgliedern" in welchen Raum gehen darf , spielen die Kinder dieses "Bienenhaus" mit dem Körper:
Ein Zimmer ist der Kopf, ein anderes der Hals.Weiter unten in der Brust soll auch einer wohnen. Im Magen ist ebenfalls eine Menge Platz.Ganz unten im Bauch ist schließlich das fünfte Zimmer.

Zuerst kommt die Bienen-Mutter heim . Die Kinder summen ein "A" und stellen fest, daß das Zittern am deutlichsten im Brustraum zu spüren ist. Die Mutter erhält daher den mittleren Raum .

Bei der Bildung des I-Lautes erkennen wir , daß Vibrationen verstärkt im Kopfraum verspürt werden. Also "steht die Wiege des kleinsten Familienmitgliedes im Dachzimmer" usw...

So nach und nach entdecken die Kinder mit diesem Spiel die Vokalräume in ihren Körpern .

2.Spielen

- Die Kinder spielen eine"Bienenfamilie" . Alle "fliegen" gleichzeitig los , indem sie sich frei im Raum bewegen und den jeweiligen Vokal lautieren . Es wird festgestellt, wer mit seinem Laut in einem Atemzug die weitesten Strekken abgehen kann.
- Jeder darf sich aussuchen , welches Familienmitglied er sein möchte . Der Gruppenleiter läßt hinter einer Verdeckung ein oder zwei (oder mehr) Bienen-Modelle auftauchen. Immer die richtigen Kinder stehen auf , bilden ihren Vokal, lassen ihre "Biene" an der richtigen Stelle aus dem "Bienenkorb" (Körper) heraus und summen davon.
- Die Kinder gehen frei im Raum umher und "summen" ihren Laut. Der Gruppenleiter erzählt dabei eine Geschichte, welche die Kinder genau beachten müssen, so z.B.:

Die"Bienenkinder"sind müde geworden.Sie setzen sich auf eine Blüte . Die"Bienenväter" fliegen ganz hoch oben....

THEMA: B Ä L L E / K R

THERAPEUTISCHE ZIELE:
Veranschaulichung der Laute K und R
auditive,motorische und taktile Aspekte
Atmung
Nachahmung

MATERIALIEN:
Bälle aller Art:Tennisbälle,Vollgummibälle,Fußbälle...
ein möglichst langes Papprohr

VERLAUF:

1.Fühlen:
Mit geschlossenen oder verbundenen Augen nimmt sich jedes Kind aus einem Behälter einen Ball und fühlt ihn ab:
"Mein Ball ist glatt- rauh, groß - klein , kalt - warm ...hat Rillen , ...radiert an der Hand usw.

2.Hören:
Die Kinder sitzen im Kreis . 1 -2 Bälle werden"blind" aufeinander zugerollt. Es ist also auf das feine Rollgeräusch zu achten.

3.Atmen:
Wir blasen Tennisbälle auf dem Boden herum . Es mag günstig sein , zunächst ein bestimmtes Ziel festzulegen.

4.Spielen,Bewegen und Sprechen:
-Die Kinder sind frei verteilt im Raum. Zwischen zwei Signalen lassen sie den Ball hüpfen und imitieren das Hüpfgeräusch: K K K ...
Variante - (da der Ball in die Hand zurückschnellt)
Komm'- komm' ...
Variante - "der Ball sagt etwas!"
"Kuh" = einsilbig
"Kuckuck" = zweisilbig
"Känguruh" = dreisilbig
"Was hat der Ball gesagt?"

-Die Kinder sind frei verteilt im Raum. Sie entfalten ihre Kreativität , indem sie verschiedene Trageweisen für ihren Ball "erfinden":
Tragen auf dem Handrücken,zwischen Schulter und Hals, zwischen zwei Fingern usw.
Der Ball wird von einem Punkt zum anderen getragen,wobei gesungen oder gesprochen wird:

> "Ich trage den Ball vom König zum Kaiser,
> vom Kaiser zum König,das kann ich ganz gut!"

-Nun werden die Bälle auf dem Boden gerollt. Richtung und Schnelligkeit spielen keine Rolle. Simultan wird der R-Laut gebildet: Rrrr...
Variante - Beim Rollen ist zu beachten, wann die Sprechsequenz zu Ende ist. Dann bleiben alle Kinder stehen.

> "Rolle, rolle, runder Ball.
> Rolle rund herum.
> Paß' gut auf,
> paß gut auf!
> Gleich ist Schluß!"

-Jedes Kind darf seinen Ball durch ein langes,schief gestelltes Papprohr rollen lassen: Rrrr...

-Die Kinder stehen im Kreis.Hinter dem Rücken dieser Kinder rollt jemand einen Ball auf der Kreisaußenseite herum . Alle sprechen:

> "Der Ball rollt 'rum,
> der Ball rollt 'rum,
> es rollt ein runder Ball herum!"

Dieses Verslein wird 1-3 Mal gesprochen.Irgendwann wird der Ball hinter einem Kind liegengelassen. Dieses Kind nimmt dann schnell den Ball auf und versucht , das andere davonlaufende Kind zu erwischen , bevor es die entstandene Kreislücke erreicht. Gelingt dies, so übernimmt das neue Kind die Funktion des ersten.

5. Nachahmen

Die Kinder sitzen frei verteilt im Raum . Eines der Kinder rollt lautierend (R) einen Ball in beliebiger Weise um die Kinder herum.
Wer kann mit seinem Ball genau den gleichen Weg noch einmal rollen ?

THEMA: K R E I S E L / KR

THERAPEUTISCHE ZIELE:

Einübung des Lautes "kr"
Kreisel in Drehbewegungen versetzen
Drehbewegungen mit dem Körper
Reihensätze mit "Kr"-Wörtern
Umsetzung des Gehörten in Bewegung

MATERIALIEN:

billige Kreisel (Plastik)
drei Triangeln verschiedener Tonhöhe
ein selbst gefertigter Farbkreisel

Ein Sechseck-Kreisel ist einfach herzustellen. Auf ein starkes Kartonpapier wird ein großer Kreis gemalt , dessen Radius genau sechsmal auf den Umfang übertragen werden kann . Die sechs dabei entstehenden Punkte werden über den Mittelpunkt und auch direkt miteinander verbunden. Hierbei entstehen sechs Sektoren, die nur noch ausgemalt werden müssen . Das ausgeschnittene Sechseck wird noch mit einer Achse versehen , welche durch den Mittelpunkt geführt wird. Als Achse eignet sich ein kantiger Bleistift.

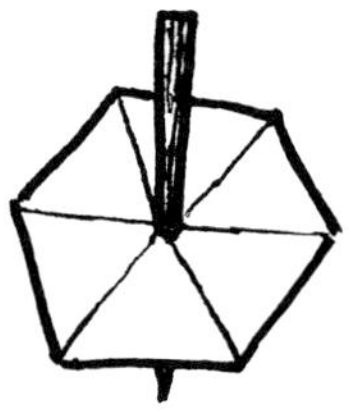

VERLAUF:

1.Einen Kreisel drehen / Lautieren:

Jedes Kind darf sich einen Kreisel aussuchen und ihn am Boden in Bewegung versetzen. Vielleicht gelingt es , simultan zu lautieren: "Krrr ..."

2.Suchen und Bilden von Reihensätzen:

Im Raum werden Kreisel versteckt . Einen Pluspunkt erhält aber nur derjenige , welcher den

Kreisel auf der Unterlage des Verstecks in Drehung versetzen kann: "Mein Kreisel kreist im Schrank!"

3. Hören und Bewegen:

Wir spielen Kreisel und drehen uns mit "Krrr..." . Allerdings gibt es große , mittlere und kleine Kreisel . Die Arme sind also entweder nach oben bzw. zur Seite gestreckt, oder aber die Drehbe - wegung geschieht in gebeugter Körperhaltung. Als Signalgeber hierfür eignen sich drei ver- schieden klingende Triangeln , Tamburine und Trommeln mit verschiedener Tonhöhe ,drei Baß - saiten ...

Hinweis - Die Körperdrehungen sollten nicht zu schnell ablaufen und abwechselnd in beide Rich- tungen erfolgen.

4. Spielen und Sprechen:

Die Kinder bilden einen Kreis . In seiner Mitte wird ein Farbkreisel in Schwung versetzt . Dann imitieren sie die Drehbewegung und singen folgen- den Text nach der bekannten Melodie "Dornröschen war ein schönes Kind..." :

"Der Kreisel kreist im Kreis herum,
Kreis herum,Kreis herum .
Der Kreisel kreist im Kreis herum
und zeigt die Farbe --- "

Da den Kindern zuvor Farben zugeteilt wurden , wissen sie sogleich , wer jetzt den Farbkreisel andrehen darf.

THEMA : B I E N E N / S

THERAPEUTISCHE ZIELE:
Veranschaulichung des Engelautes S
Zungenübung
Schulung des Reaktionsvermögens
Atmung
auditive,visuelle,motorische,haptische,olfaktorische und soziale Aspekte
Übung im Silbenbereich

MATERIALIEN :
bunte Tücher,Tamburin,Pipette,Pappteller,Honig,Blütenformen aus Papier

VERLAUF:

Die Kinder erhalten bunte Tücher als "Flügel" .Sie spielen Bienen , indem sie den Laut S am besten stimmhaft bilden und gleichzeitig ihre beiden Tücher auf- und abschwingen.

1.Reagieren

Die Kinder bewegen sich als "Bienen" frei im Raum.Ein Kind spielt jedoch hin und wieder den Regen,indem es mit den Fingern auf ein Tamburin klopft.Dieses Signal bedeutet für die "Bienen" :"Schnell zurück in den Bienenkorb !" Dort warten sie "schlafend",bis der "Regen wieder aufhört".

2.Schmecken und fühlen

Den Kindern wird erzählt,wie die Bienen den süßen Nektar der Blüten aufnehmen.
Es ist nun nicht allzu schwierig, mit einer Pipette dünnflüssigen Honig in S- oder Blütenform auf feste Pappteller aufzutragen.
Jetzt werden die Kinder aufgefordert , "fleißige Bienen" zu spielen und alles zusammenzuschlecken.
Vielleicht klappt es auch ohne die Verwendung der Augen nur über den Fühl- und Geschmackssinn der Zunge?!?

3. Hören

- Ein Kind spielt wieder eine Biene und lautiert ein langes S. Die anderen zeigen - ohne zu schauen - in die Richtung ,aus der sie den S-Laut hören.
- Partnerübung "Führen und folgen"
  Mit geschlossenen Augen versucht ein Kind , sich auf seinen Partner zuzubewegen , der den S-Laut spricht.
  Wird das "S" stimmhaft gebildet , so ist es möglich ,daß mehrere Zweiergruppen sich gleichzeitig durch den Raum bewegen. In diesem Fall orientieren sich die Kinder nämlich an der Stimmcharakteristik ihres Partners.

4. Atmen

Es geht um das Problem, wie lange der Atem reicht , wenn "S" lautiert wird .
Die Blütenformen liegen frei verteilt im Raum. Die Kinder bewegen sich so lange um sie herum , bis ihr Atem verbraucht ist. Dann stellen sie sich auf eine Blütenform. "Die Biene ist müde geworden".

5. Malen ,Melodisieren

- Auf der Tafel bzw. auf großflächigem Papier wird der Auf- und Abflug einer Biene dargestellt. Reicht der Atem bis zur Blüte ?

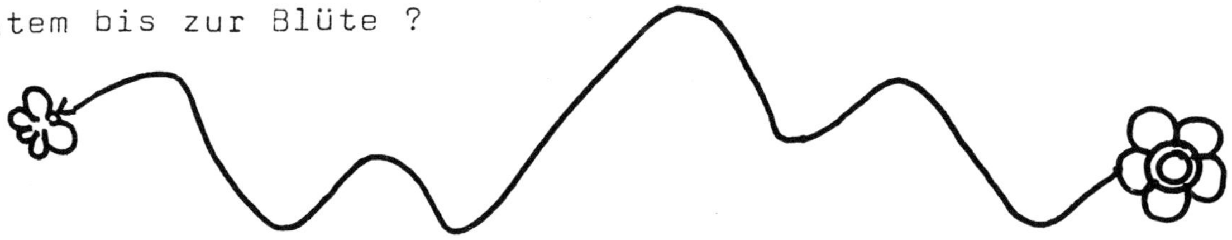

Fliegt die Biene nach oben , so kann bei stimmhafter S-Bildung die Melodie stufenlos ebenfalls ansteigen.

- Der Zusammenstoß zweier Bienen:

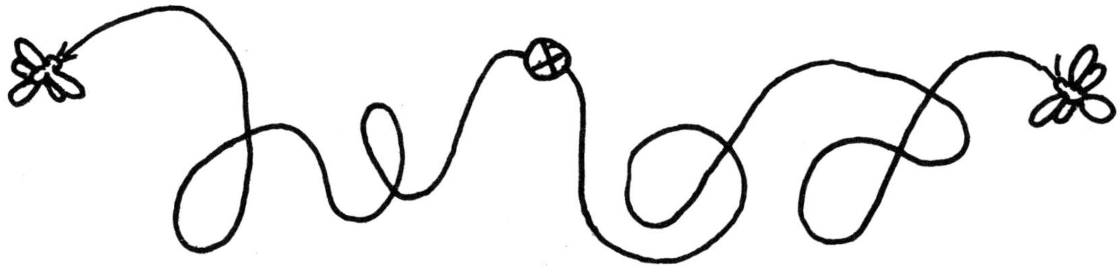

6. Imitation

Die Blütenformen liegen frei verteilt im Raum. Ein Kind durchläuft als "Biene" die "Straßen" zwischen den Blüten in einer beliebigen, nicht zu schwierigen Weise.
Die anderen Beteiligten versuchen, den gleichen Weg noch einmal nachzuvollziehen.
Variante - Einbeziehung der "Flugart", "Flughöhe"
Pausen bei einzelnen Blüten ....

7. Anbindung des "S" an einen Vokal

In die Blütenformen werden die Vokale "i,e,a,o,u" hineingeschrieben. Die Kinder summen den S-Laut und schauen nach einer Blüte, auf die sie sich stellen wollen. Dort angelangt, verwandelt sich das "S" in einen Vokal : "SSSSSiiii (se,sa...)"

Variante - Für Vorschüler eignen sich Tierbilder anstelle von Vokalen (Igel, Esel, Affe...)

8. Soziales Spielen

Beim stimmhaften "S" vibrieren die Nasenflügel.
Die Kinder befinden sich im Kreis. Irgendein Kind spielt Biene, lautiert also "S" und bewegt sich auf ein anderes Kind zu. Es berührt dieses mit der Nase und versucht die Vibration zu übertragen. Gelingt dies, so übernimmt das zweite Kind die Rolle des ersten.
Das Spiel könnte "Bienenflug" genannt werden.

9. Anwendung im Lied

"Summ, summ, summ, Bienchen summ herum..."
(Lied wird als bekannt vorausgesetzt)

THEMA: S P I E L S A C H E N / SCH

THERAPEUTISCHE ZIELE:
verschiedene Lautbildungen
auditive,motorische und soziale Aspekte
Imitation
Atmung

MATERIALIEN:
keine

VERLAUF:

1. Soziales Spielen:
"Geschenke werden ausgepackt"

Jedes Kind hat ein imaginäres Paket , in dem sich ein Spielzeug befinden soll . Es darf sich im Kreis jemanden aussuchen , der es bekommen soll . Pantomimisch kann schon auf dem Weg zum auserwählten Kind die Größe , das Gewicht und eventuell auch die Form dargestellt werden . Der Beschenkte nimmt das "Paket" entgegen , bedankt sich und beginnt , es pantomimisch aufzupacken.
Im allgemeinen verteilen die Kinder ihre Geschenke nach den Sympathien . U.U. ist es daher ratsam , das Spielgeschehen so festzulegen , daß jeder nur ein einziges Mal beschenkt wird.
Die Reaktion des Beschenkten kann nicht vorhergesehen werden , ist aber meist soziographisch aufschlußreich. So nimmt einer ein "Riesengeschenk" mit großer Freude entgegen . Der andere findet beim"Auspacken" in der großen Schachtel lediglich eine winzige Kleinigkeit und spielt den Enttäuschten.

2. Nachahmen:
"Spielsachen zum Aufziehen"
In der Mitte eines Kreises werden einzelne Spiel-

sachen zum Aufziehen (Autos,Puppen,Tiere...) vorgeführt. Die Stereotypie der Bewegungsformen wird aufgegriffen und nachgeahmt.
Das begleitende Geräusch kann ebenfalls imitiert werden . Hierbei bieten sich immer wieder gerade die in der Sprachentwicklung rezenten Laute an wie "R" , "K" , "Sch" , "S" .

3.Bewegen und Lautieren:

"Spielzeuge erraten"
Jedes Kind denkt sich ein Spielzeug aus , das es darstellen möchte.
Nachdem es mit einem imaginären Schlüssel aufgezogen wurde ("Krr-Krr"),vollzieht es typische Bewegungs- und Lautmuster seines Spielzeuges nach. Die Zuschauer sollen erraten , um welches Spielzeug es sich handelt.

4.Atmen:

"Wackel-Enten"... werden aufgezogen. Mit jeder "Schlüsseldrehung" atmet das Kind etwas tiefer ein , ohne danach wieder auszuatmen.
Wie weit reicht der bei der Bewegung in Form eines Lautes verströmte Atem?

5.Hören:

Ohne die Kontrolle durch die Augen soll ein "Spielzeug" aufgrund seines "Geräusches" mit den Händen verfolgt werden.

6.Partnerspiel mit Sprache und Bewegung / Sch:

Die Kinder gehen frei im Raum umher und sprechen bzw.singen :

"Wir gehen jetzt zum Spielen,
Spie-Spa-Spielen.
Wir gehen jetzt zum Spielen
und suchen uns 'nen Freund."

Noch vor Ablauf des Verses orientieren sich die Kinder und suchen sich einen Partner.

Nun gibt es eine Reihe von Spielsachen , die man meist zu zweit verwendet :Federball , Ballspiel, usw...
Wir einigen uns zügig auf ein bestimmtes Spiel innerhalb der Gesamtgruppe und führen es als Partnerspiel durch:

"Wir spielen , wir spielen
und freuen uns."

-Variante: Die Kinder bewegen sich wie oben zuerst frei im Raum . Der Spielleiter ruft plötzlich:"Immer 3!"(4,5,6) Die Gruppen formieren sich hierauf in der richtigen Größe. Schnell sucht man nach Spielmöglichkeiten wie Gummihüpfen,Tauziehen, Karussell ... und beginnt dann.

THEMA : S C H L A N G E N / SCH

THERAPEUTISCHE ZIELE :

Veranschaulichung des Engelautes Sch

Zungenübung

Atmung

Freude am Ausdruck

auditive,visuelle,motorische und taktile Aspekte

MATERIALIEN :

Faschings-Papierschlangen ,alte Zeitungen,Fingerfarben, Tapetenpapier

VERLAUF :

1.Atmen /Einstellen des Sch-Lautes :

-"Wir wecken Schlangen auf!"

Der Sch-Laut wird "eingestellt", indem man eine Schnute macht ,die genauso rund ist wie ein Papierschlangen-Röllchen. Mit dem Laut "Sch" wird nun geblasen .Wie oft muß das einzelne Kind blasen , bis die ganze Schlange "aufgeweckt ist ?

Variante - in Analogie zum obigen Beispiel kann man auch Seifenblasen mit dem Sch-Laut aus einem Ring herausblasen!

-Mehrere Papierschlangen werden in Reihe hintereinander gelegt.Wieviele Schlangen kann ein Kind in einem Atemzug abgehen?

2.Hören :

s. Thema "Seifenblasen"

- Der Gruppenleiter erzählt eine Geschichte. Immer wenn ein "Sch" im Text vorkommt ,bewegen sich die Schlangen

3.Malen und Lautieren:

- An eine Tafel werden viele Schlangen gemalt .Sie werden mit dem Sch-Laut nachgespurt:

-Das Schlangenkonzert:

Ein vertikal gehaltener Stab wird von links nach rechts über die Schlangen-"Partitur" bewegt. Die Kinder werden in Gruppen eingeteilt . Der Sch- Laut ist nur dann zu bilden , wenn der Stab in der jeweiligen Gruppe gerade auf eine Schlange zeigt:

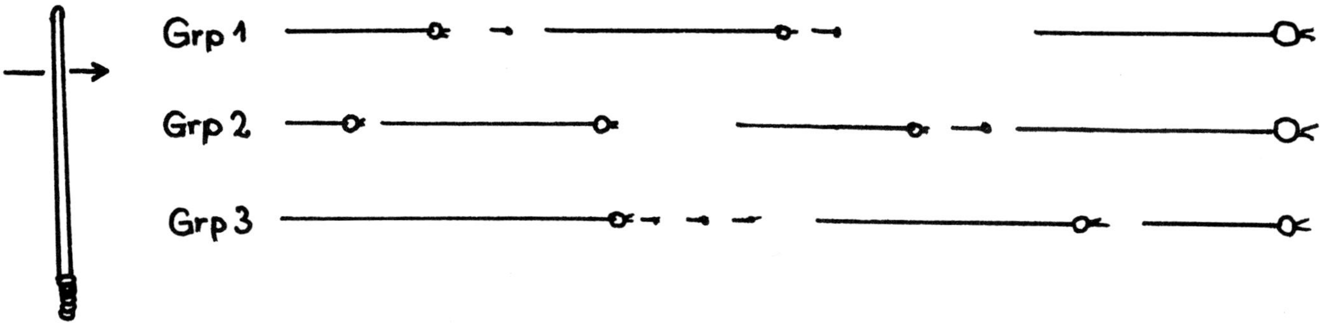

4. Reißen :

Alte Zeitungen werden in"Schlangenstreifen" zerrissen. Wer kann die längsten Streifen reißen und zugleich den Sch-Laut sprechen ?

Variante - Als Partnerspiel: "Zwei Schlangen unterhalten sich!"

5. Sprechen und Bewegen:

Die übrig gebliebenen Zeitungsteile werden nun geknüllt und als "Steine" im Raum verteilt. Dann nehmen die Kinder zwei "Schlangenstreifen" auf und bewegen sich sprechend:

> "Schlangen zischen zwischen spitzen Steinen,
> zwischen spitzen Steinen,zwischen.... "

Auf ein bestimmtes Signal hin (z.B. Triangel) wickeln sich die "Schlangen" ruhig um die "Steine" herum, wobei gesprochen wird:

> "Schlangen schlafen (am spitzen Stein)..."

6. Ausdrücken von Gefühlen:

Der Gruppenleiter spielt 3 Melodien vor (Xylophon,Tonband...)

a - eine langsame u. traurige Melodie
b - eine beschwingte u.lustige Melodie
c - eine unharmonische u. aggressive Melodie

Wenn eine Melodie erklingt , bewegen sich die Kinder mit ihren Papierschlangen frei im Raum umher und bilden den Laut "Sch".
Wichtig ist,daß die Bewegungsweise dem Charakter der Melodie entspricht.
Anschließend kann das Erlebte und Ausgedrückte etwa an einer Tafel oder auf Tapetenpapier festgehalten werden:

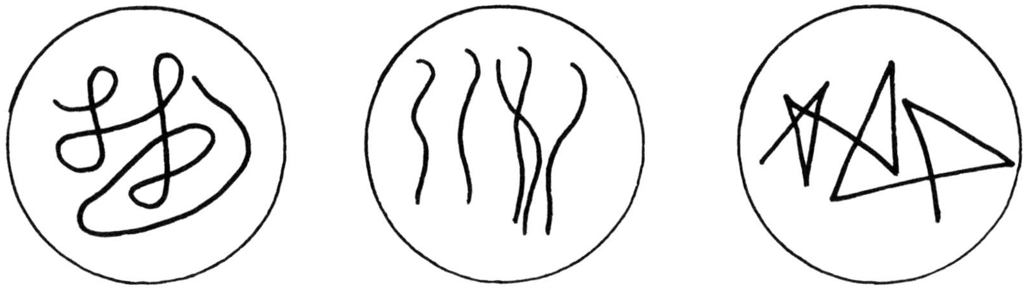

lustige Schl. traurige Schl. wilde Schl.

7.Zungenspiel:

Hier sind die Zungen die "Schlangen". Analog zum oben Genannten werden die 3 Melodien in reine Zungenbewegungen umgesetzt.

8.Fühlen :
Die am Boden liegenden Papierschlangen werden mit bloßen Füßen abgegangen.

THEMA: S C H N E C K E / SCH

THERAPEUTISCHE ZIELE:
Einübung des Engelauts Sch
Atmung
Koordination von Raum und Zeit
"slow motion"

MATERIALIEN:
Triangel oder Gong

VERLAUF:

1. Atmen , Lautieren und Bewegen:

Die Kinder stehen aufrecht mit ausgestreckten Armen. Sie holen tief Luft und atmen mit dem Sch-Laut ruhig und langsam aus , indem sie ihre Körper immer mehr nach unten beugen. Die Atmung soll so lange reichen, bis Kopf und Arme in der Hockestellung eingerollt sind. (="Schneckenhaus")

2. Bewegen in Zeiteinheiten:

Zeit und Raum sollen miteinander koordiniert werden. Man erreicht dies durch eine(simultane)Repräsentation der Zeit im Raum. Vergängliche zeitliche Einheiten können hierbei durch bestimmte Strecken im Raum visualisiert werden. Ist eine Strecke allerdings festgelegt , so muß die Schnelligkeit des Bewegungsablaufes mit einbezogen werden.

- Die bei Nr.1 dargestellte "Schneckenhaus"-Bewegung wird zu einer "slow-motion"-Bewegung , wenn ihr ein verhältnismäßig langer Text zeitlich zugeordnet wird. Man sollte freilich "den Bogen nicht überspannen" und eventuell folgenden Text zur Bewegung sprechen lassen:

> "Schnick-schnack-schneck , so krieche doch
> gleich weg!"

- Bei folgendem Text ist die Hocke Ausgangs- und Zielpunkt zugleich. Entfaltung und Gegenbewegung geschehen in einer Zeiteinheit:

> "Aus einem Schni-Schna-Schneckenhaus,
> schaut die kleine Schnecke 'raus!
> Dann schlüpft sie wieder 'rein
> und schläft im Hause ein!"

3. Verlangsamung von Bewegungen:

Ein zeitlich gedehntes Signal wird in eine extrem langsame Bewegung umgesetzt . Solange die Kinder etwa den Klang des Triangels oder des Gongs vernehmen können , bewegen sie sich :

- Gehen in einer bestimmten Richtung
- Ausstrecken der Arme oder der Zunge (="Schneckenfühler")
- Entkrampfen der Faust bis zur Streckung der Hand u.u. (="Schnecke")

Variante - Das zeitlich gedehnte Signal kann auch ein Sch-Laut sein.

THEMA: S C H A C H T E L M A N N / SCH

THERAPEUTISCHE ZIELE:
Bildung des Engelauts Sch
motorische und visuelle Aspekte
kreatives Denken
Atmung
Nachahmung

MATERIALIEN:
Außenhüllen von Streichholzschachteln , kleine Papierblätter

VERLAUF:

1. Spielen:

Alle Kinder gehen mit ihren Schächtelchen im Kreis herum und sprechen oder singen:

> "Schaut'mal ,was der Schachtelmann,
> Schachtelmann,Schachtelmann,
> mit seiner Schachtel machen kann,
> schaut'mal an!"

Ein Kind tritt nun in die Mitte des Kreises und "erfindet" eine lustige Trage-Möglichkeit , z.B.:

Die Hülle
- auf die Nase setzen
- über das Ohr stülpen
- in die Augenhöhle klemmen
- auf dem Fuß tragen

usw...

Es singt dann:

> "Ich bin ein lustiger Schachtelmann,
> schaut 'mal , was ich kann!"

Die Mitspieler übernehmen die"Erfindung" und singen erneut :

> "Schaut'mal ,was der ...."

Variante - Jeder Vorschlag kann auch noch an eine besondere Gangart gebunden werden: Gebücktes Gehen, Hüpfen,Drehen...

2.Lautieren :

Die Außenhüllen wandern im Kreis herum von Nase zu Nase. Der Abgebende bildet dabei den "Sch"-Laut . Der Atem für diesen Laut soll so lange ausreichen, bis die Schachtel fest auf der nächsten Nase sitzt.

Variante - Übergabe von Finger zu Finger

3.Atmen:

In der Mitte des Kreises liegen viele kleine Papierblätter. Auf ein Zeichen hin saugen alle Beteiligten mit den Außenhüllen möglichst viele Blätter an und bringen sie an einen vorher festgelegten Platz.

Variante - Man kann die Blätter durch die Hüllen in eine bestimmte Richtung pusten.

- Die aufeinandergestellten Hüllen ergeben einen Turm , den man auch von größerer Entfernung aus durch Pusten zum Einstürzen bringen kann.

4.Sehen:

Die Kinder schauen mit einem Auge durch die Schachtelhüllen.Das andere Auge ist geschlossen . Ein Mitspieler geht möglichst lautlos herum und führt die Kinder von einem Platz zum anderen.

THEMA: S E G E L S C H I F F E / S SCH

THERAPEUTISCHE ZIELE:
Einübung des Sch-Lautes
Wechsel der Laute "S" und "Sch" im Text
Phonematische Differenzierung
visuelle,akustische,motorische und soziale Aspekte
Atmung

MATERIALIEN:
alte Zeitungen
Tapetenrolle
Bleistift,blaue Wachsmalstifte,Klebstoff
Xylophon

VERLAUF:

1. Heraushören des Sch-Lautes und Bewegen:
Jedes Kind nimmt sich eine Zeitungsseite und sucht im Raum eine freie Stelle.
Mit geschlossenen Augen spielt es ein Segelschiff , wobei die Zeitung als Segel hochgehalten wird.
Sobald es aus einer Reihe von ähnlichen Lauten (Z,S, F,Ch,Sch) den Sch-Laut (="Wind") heraushört, bewegt es sich möglichst lautlos im Raum herum . Zusammenstöße sollen vermieden werden . Da jedoch alle Bewegungsabläufe sehr langsam sind , kommt es meist nur zu leichten Berührungen.
Zusatz - Auch das Auf und Ab der Wellen kann in die Bewegung mit integriert werden.

2. Atmen,Lautieren und Bewegen:
Hier übernehmen die Kinder eine Doppelrolle . Sie spielen Segelschiff und Wind zugleich , indem sie mit "Sch" gegen ihre eigene Zeitung blasen und sich dann bewegen.

Eine einfache pentatonisch - schwebende Begleitung auf einem Xylophon kann hilfreich sein .

3.Sprechen und Bewegen:/ S - Sch

Die eine Hälfte der Kinder sitzt "am Rande des Gewässers" (Gruppe a).
Drinnen im Kreis "schwimmen die Segelschiffe" in der oben dargestellten Weise (Gruppe b).
Die Gruppe b) spricht folgenden Vers und bewegt sich möglichst rhythmisch dazu:

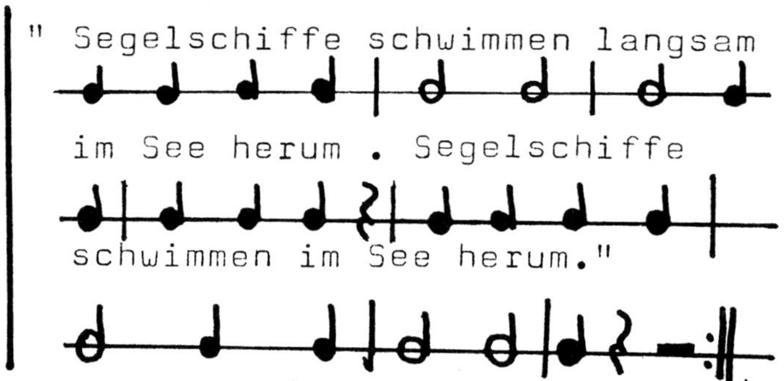

Nun winken die Kinder der Gruppe a) die"Segelschiffe"herbei und sprechen :

"Segelschiff , so schwimme langsam
zu mir heran . Segelschiff so
schwimme zu mir heran."

(Der Rhythmus kann voll von oben übernommen werden!)

Die Kinder der Gruppe b) übergeben ihre "Segel" den Kindern der Gruppe a) . Ein neues Spiel kann beginnen.

Variante - Die Kinder der Gruppe b) bewegen sich in Zweiergruppen gemeinsam mit ihren Partnern der Gruppe a).

4. Falten:

Die bisher als "Segel" verwendete Zeitung soll nun zu einem Papierschiff gefaltet werden:

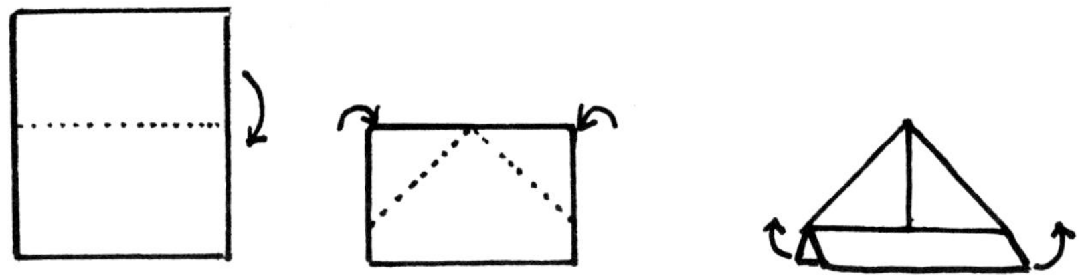

a-Die drei ersten Faltungen sind oben dargestellt.

b-Jetzt werden die zwei Ecken des "Hutes" wie in der Zeichnung aufeinandergeklappt.

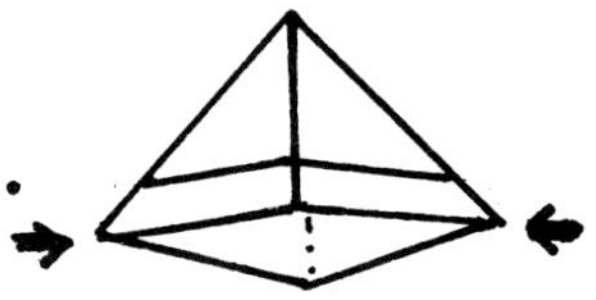

c-In einem weiteren Schritt klappt man die zwei Ecken wie in der Skizze rechts nach oben. Ein kleinerer "Hut" entsteht.

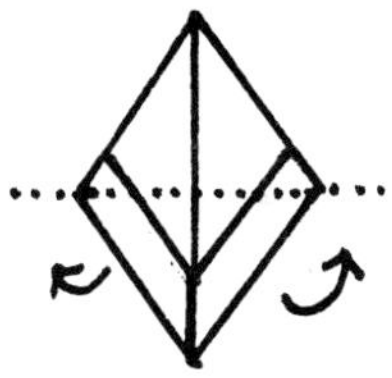

d- Analog zu b) werden die neuen Ecken des kleineren "Hutes" aufeinandergeklappt.

e-Die beiden Ecken , die jetzt an der Spitze entstanden sind , muß man nur noch auseinanderziehen . Hierbei entsteht ein kleines "Segelschiff".

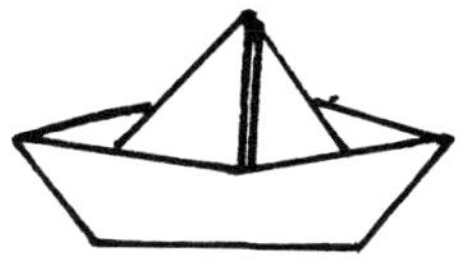

5. Dosiertes Blasen und Lautieren:

Die Faltschiffe werden auf einem glatten Boden abgestellt und weggeblasen . Ein dosiertes Blasen verhindert das Umkippen.

Später wird mit dem Sch-Laut geblasen:

"Schiffe schwimmen , Schiffe ..."

Wer erreicht das "Ufer" , ohne einen Fehler zu machen?

6. Koordinieren von Melodie und Bewegung:

"Wellen"

Dem Sprechvers (Nr.3) wird eine Leiermelodik unterlegt:

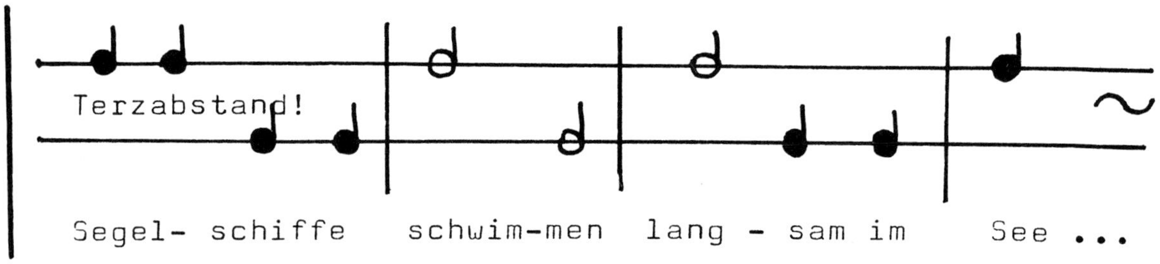

Die Bewegung der Kinder erfolgt nun synchron zum melodischen Ablauf (s.Nr. 2 - Zusatz).

7.Zeichnerisches Gestalten und Üben:

Die grobmotorische Ganzkörperdarstellung wird im Folgenden visualisiert.
Jedes Kind darf nun singend auf einer ausgedienten Tapetenbahn seine Wellenbewegung mit einem Bleistift fixieren.
Die schönsten Wellen werden danach mit blauer Wachsmalkreide nachgespurt und deutlich hervorgehoben.
Schließlich darf jeder sein Papierschiffchen auf eine Welle kleben und kennzeichnen.

Somit kann später das Erlernte weitergeübt werden: "Mache eine Wellenreise von Ottos Schiff zum Schiff von Karin!"...

THEMA : T I E R - T H E A T E R / S SCH CH

THERAPEUTISCHE ZIELE:

die phonematische Differenzierung der Laute S,Sch,Ch

HINWEIS:

Die drei Themen "Schlangen","Bienen" und "Drachen" sollten bereits erarbeitet sein.

MATERIALIEN:

Papierdrachen,Papierschlangen,"Bienen"aus Papier (a.a.O), drei Holzstäbe,Klebestreifen, eine große Schachtel

VERLAUF:

1.Hören

Drei Signale werden erlernt:

a) Biene = Flatterbewegung
b) Schlange= Schlängelbewegung
c) Drachen = Beißbewegung (Finger sind "Zähne")

} mit den Armen

Ein Kind setzt sich in eine Riesenschachtel.In dieser Schachtel liegt ein Papierdrachen,eine Schlange und eine Biene aus Papier.
Die anderen Kinder bewegen sich rund um diese Schachtel herum und sprechen oder singen:

"Wirrle,warrle,was ist das?
Aus der Schachtel hör' ich was!
Ist's die Biene,die Schlang',der Drachen?
Ich werde es mit den Armen nachmachen!"

Das Kind in der Schachtel nimmt im Verborgenen eines der Tiere in die Hand und erzeugt den entsprechenden Laut - am besten lang gedehnt bzw. mehrmals.
Die Kinder rund um die Schachtel herum reagieren, indem sie das lautliche Signal in ein Bewegungs - signal umsetzen.

2. Spielen

"Das Schachtel-Theater"

Anordnung wie oben !

Sobald am Schachtelrand ein Tier sichtbar wird , bilden alle Kinder sofort den entsprechenden Laut.

Variante- Wenn ein Tier aus der Schachtel auftaucht, sprechen die Kinder den bereits an anderer Stelle erlernten Sprechvers so lange , bis das Tier wieder verschwindet.

Es ist besonders günstig ,die Rhythmisierung des Sprechverses durch entsprechende Mitbewegungen des jeweiligen Tieres zu fördern:

S = Summ, summ, summ, Bienchen summ....

Sch = Schlangen zischen zwischen....

Ch = Ach, ach, ach, drunten an dem Bach....

"Das Tisch-Theater "

Die drei Papiertiere werden mit Klebestreifen an drei Holzstäbe angebracht.

Hinter einem Tisch (Vorhang, Tafel...) tauchen nun die Tiere in unregelmäßiger Abfolge auf. Die Zuschauer werden in drei Teilgruppen gegliedert - in eine S - ,eine Sch- und eine Ch-Gruppe.

Je nachdem, welches Tier hinter der Verdeckung auftaucht, wird die entsprechende Gruppe aktiv und bildet ihren Laut.

Je höher das Tier im Raum gehalten wird, desto lauter sollte das Geräusch sein.

Es können auch zwei oder alle drei Tiere gleichzeitig erscheinen.

Die Inszenierung eines spannenden Tierspiels macht den Kindern besondere Freude. (z.B. die Schlange frißt die Biene auf , spuckt sie aber wieder aus.....)

"Die Verabschiedung"

Da in einer Gruppe gleich mehrere Bienen, Drachen und Schlangen gebastelt werden , kann man diese zum Schluß noch in eine ungeordnete Reihe legen. Sie grüßen je nach Anordnung:

S S Sch S Sch Ch ....

Mehrere Kinder gehen die Reihe ab . Man kann mit der Verabschiedung auch von hinten beginnen.

THEMA: H E X E N / X

THERAPEUTISCHE ZIELE:

Projektion von Gefühlen auf das Symbol "Hexe"
Stimmverstellung
Einübung des Lautes "X"
Identifikation mit dem Symbol "Hexe"
Katharsis

MATERIALIEN:

Räucherstäbchen bzw.-kegel
Menthol-Taschentücher
Streifen aus Krepp-Papier oder Reifen
Rundstäbe - lang
Schminke und Spiegel
Kopftücher und alte Stoffreste, Sicherheitsnadeln
Blechdosen verschiedener Größe und Kochlöffel
Hexenfigur aus dem Kasperltheater
Kochplatte , Topf , Kochlöffel, Plastikbecher ,Löffel
Suppe , verschiedene Kräuter , Zitronensaft

HINWEIS:

Diese Einheit benötigt einen zeitlichen Aufwand von drei bis vier Stunden . Ein Zeitdruck darf nicht entstehen.

VERLAUF:

1.Einstimmung:

Zunächst einmal ist es wichtig , alle Beteiligten für das Spiel zu gewinnen . Im Kasperltheater erscheint eine Hexe , die den Vorschlag macht ,daß die Kinder das Hexen-Einmaleins erlernen könnten. Sie geht aber erst einmal auf Fragen und Anregungen der Kinder ein: Die Ängstlichen werden beruhigt, die Neugierigen müssen sich gedulden ,die "Ungläubigen" werden sensibilisiert ...

Die Hexe verzaubert die anwesenden Kinder jetzt in "Anfänger-Hexen" und verschwindet mit dem Wunsch ,daß alle Beteiligten nun fleißig lernen sollten.
Der weitere Verlauf wird möglichst ausschließlich von gruppendynamischen Prozessen getragen und kann im einzelnen hier nicht vorgegeben werden.

2.Vorbereitung und Spiel :
Zur besseren Identifikation mit dem Symbol"Hexe" wird man Anregungen geben , sofern diese nicht aus dem Kreis der Kinder kommen. Außerdem wirken die vielen angebotenen Utensilien als solche schon motivierend.

-Hexen sprechen eine besondere Sprache:
Die Stimmen werden verstellt,und man unterhält sich nur noch mit den Silben "ix , ax , ux".

-Hexen bewegen sich in eigentümlicher Weise:
Sie sind gebeugt , schleichen lautlos (oder mit dem Laut "S") herum und blicken geheimnisvoll vom einen Kind zum anderen ...

-Hexen haben ein Hexenhaus:
Jede "Hexe" legt mit Papierstreifen oder einem Reifen einen "Zauberkreis" , den keine fremde "Hexe" betreten darf.

-Hexen haben häßliche Gesichter:
Vor großen Spiegeln bemalen sich die Kinder gegenseitig . Zwischendurch schauen sie böse in den Spiegel und sagen prüfend "ix , ax , ux".

-Hexen haben eine merkwürdige Kleidung und einen Besen:

Die Kinder verkleiden sich gegenseitig. Auf einer "Hexen - Modenschau" reiten die Verkleideten auf ihren"Besen"(Rundstäbe) hin und her . Mit Koch - löffeln und Blechdosen wird eine "Hexenmusik" dazu erfunden.

-Alles ist verzaubert:
Mit Wunderkerzen , Räucherstäbchen und evtl. Nebelkerzen kann die Stimmung im Raum noch verbessert werden.

-Hexen essen und trinken gerne scharf:
Frisch ausgepreßter Zitronensaft wird (evtl. aus Walnuß-Schälchen) getrunken . Danach tanzen alle zur Hexenmusik , weil "das Saure lustig macht".

Hinweis - Schreibt man mit Zitronensaft auf Papier, so entsteht eine "Hexenschrift". Diese wird erst lesbar , wenn man das Blatt über die heiße Kochplatte hält!

Alle kochen jetzt eine Suppe . Jede "Hexe" bringt ein paar Kräuter wie Schnittlauch,Petersilie,Basilikum,Majoran... herbei und rupft kleine Teile in die Suppe hinein.Die "Über-Hexe" rührt um.
Nach dem Essen "schlafen alle Hexen in ihren Häusern". Sie riechen an ihren "Zauber-Taschentüchern" und schnarchen "Rrrr...", bis sie von leiser Hexenmusik aufgeweckt werden.

-Was die Hexen arbeiten:
Hier könnte das bekannte Hexenverslein gesprochen und handelnd nachvollzogen werden:

> Morgens früh um sechs
> kommt die alte Hex',
> morgens früh um sieben
> schabt sie gelbe Rüben.

Morgens früh um acht
wird Kaffee gemacht,
morgens früh um neun
geht sie in die Scheun'.
Morgens früh um zehn
holt sie Holz und Spän'.
Feuert an um elf ,
kocht dann bis um zwölf
Fröschebein und Krebs' und Fisch,
hurtig , Kinder , kommt zu Tisch!"

Das Allerwichtigste ist freilich , solche und weitere Ideen aus Aktualsituationen heraus zu entwickeln. Ein rezepthaftes und erzwungenes Gruppengeschehen wäre kontraindiziert.

THEMA: Z A U B E R E R / Z , S

THERAPEUTISCHE ZIELE:

Übung der Laute Z,S
auditive , motorische und soziale Aspekte
rhythmisches Sprechen und Bewegen
Konzentration
nonverbale Kommunikation

MATERIALIEN:

Filzstifte , Papier
Triangel oder Gong
Reifen

VERLAUF:

1. Hören und Bewegen:

Alle Kinder spielen Zauberer . Die Filzstifte in ihren Händen dienen als "Zauberstäbe".
Ein Triangel oder ein Gong wird angeschlagen . Solange der Klang zu hören ist , bewegen sich die Kinder frei im Raum . Ist die Bewegung abgeschlossen , so berühren die "Zauberstäbe" irgendwelche Gegenstände , die verzaubert werden sollen.
Dieses Geschehen kann man zunächst mehrmals ablaufen lassen.
Nun wird ein Kind aufgefordert , mit seinem Zauberspruch zu beginnen . Es schaut sich bei den anderen Kindern genau um , welche Gegenstände sie berühren . Einen dieser Gegenstände , etwa einen Schrank ,wählt es sich aus und spricht:

> "Simsalabim , du bist ein Schrank!"

Dann tauscht es schlagartig , aber fast lautlos seinen Platz mit dem Kind am Schrank . Jetzt ist dieses Kind an der Reihe.

2.Koordinieren des Sprech - und Bewegungsablaufs:

Auf dem Boden werden Reifen verteilt . Ihre Zahl entspricht der Zahl der Kinder.
Folgender Vers wird gesprochen:

> "Ein Zauberer , ein Zauberer
> hat seinen Zauberkreis!"

Alle Beteiligten bewegen sich dazu rhythmisch außerhalb der Kreise (Reifen). Nur die letzte Silbe (...-kreis) entspricht auch dem Abschlußschritt in den Kreis hinein. (häufig wiederholen!)

3.Konzentrieren:

-Bei diesem Spiel wird ein Reifen aus der obigen Anordnung entnommen. Auch der Sprechvers wird etwas geändert :

> "Ein Zauberer, ein Zauberer
> braucht keinen Zauberkreis.
> Er zaubert selbst mit seinem Stab,
> wie jeder von uns weiß!"

Wie oben bewegen sich die Kinder rhythmisch außerhalb der Kreise ,wobei derselbe Vers pausenlos mehrmals wiederholt werden kann.
Im Raum gibt es freilich einen "Ober-Zauberer". Sobald dieser das Wort "Simsalabim" ruft ,retten sich alle "Zauberer" in die Kreise . Nur einer hat Pech gehabt.

-Die Kinder bilden einen "Zauberkreis". Drinnen befindet sich ein Kind , welches in einen"Baum" (Statue,Kleiderständer...) verzaubert wird . Erwünscht sind irgendwelche frei erfundene und originelle Körperhaltungen.Nun legen alle "Zauberer" ihren "Zauberstab" so auf den unbewegten Körper des Kindes , daß er nicht zu Boden fällt.

4. Nonverbales Interagieren:

Die "Zauberer" sollen hier einmal versuchen, sich "mit ihren Zauberstäben zu unterhalten". Auf Sprache muß ganz verzichtet werden. Immer zwei Kinder erhalten zusammen ein Blatt Papier.
Der eine beginnt mit seinem"Zauberstab" (Filzstift) und malt ein Bild . Der andere "zaubert" sofort weiter , wenn er zu wissen glaubt , was das Bild darstellt.
Bei Fehlern wird noch einmal begonnen.

THEMA : Z O O

THERAPEUTISCHE ZIELE:

Gedächtnisschulung (Reihenfolgen)

freies Erzählen

verschiedene Lautbildungen

visuelle und auditive Aspekte

MATERIALIEN:

Flanelltafel

Tierbilder.... aus Haftmaterial

VERLAUF:

1. Nacherzählen

Der Gruppenleiter erzählt eine Geschichte vom Zoo und behängt simultan dazu eine Flanelltafel mit Tieren, Käfigen, Wegen... , bis der Zoo fertig zu sehen ist.

Variante - Dieser Zoo kann auch mit Bausteinen aufgebaut werden.

- Gute Zeichner malen alles einfach an eine Tafel , während sie erzählen.

Möglicher Ablauf:

(Die Ausdrücke in den Klammern beziehen sich auf das Haftmaterial!)

" Das Wetter ist herrlich ... Ich gehe in den Zoo. Hier ist der Eingang. (Kassenhäuschen) Ich zahle und gehe einmal hier entlang.(Weg) Zuerst komme ich an einen riesigen Käfig. (Käfig) Welches Tier ist nur so groß ,daß es diesen merkwürdig hohen Käfig braucht ? ...Richtig,die Giraffe !(Giraffe) usw..."

Die Kinder versuchen nun , den gleichen Ablauf noch einmal zu schildern.Dann wird ein neuer Weg durch den Tierpark"gesucht" und rekonstruiert. Schließlich führen eine ganze Menge verschiedener Wege durch den Zoo.

2. Lautieren

Den Tieren werden jetzt bestimmte Rufe zugeteilt, etwa:

Der Bär --- "brumm"
Die Schlange --- "Schiii,schiii..."
usw...

Möglicher Ablauf:

Der Gruppenleiter sucht sich vom Eingang aus einen Weg durch den Zoo . Er bewegt sich mit dem Finger langsam auf den Bärenkäfig zu. Die Kinder imitieren den Ruf des Bären und werden immer lauter , je näher der Finger des Gruppenleiters beim Bären ist.
Der neue Weg führt zur Schlange. Je nach der Entfernung zu diesem Tier wird der "Schiii"-Ruf leise oder laut hervorgebracht . usw...

3. Hören

- Ein Kind verfolgt den Weg des Zoobesuchers nur über das Gehör . Im Anschluß daran soll es den Weg an der Tafel noch einmal zeigen.

- Mit verbundenen Augen sucht ein Kind an der Tafel ein bestimmtes Tier. Die anderen Kinder geben ihm Hilfen in der oben genannten Weise.

THEMA: G E W I T T E R

THERAPEUTISCHE ZIELE:
verschiedene Lautbildungen
motorische und auditive Aspekte
Erkennen von Gestalten
Verstehen und Umsetzen von Signalen

MATERIAL:
Tonband - Gerät

VERLAUF:

1. Umsetzen von Handzeichen in Bewegungen und Geräusche:

Handzeichen

- a - Ballen von Fäusten
- b - beide Handflächen gegeneinander richten im Abstand von 1o-2o cm (= Klatschhaltung)
- c - beide Handinnenflächen gestreckt nach unten richten
- d - mit den Zeigefingern beider Hände nach unten deuten

Bedeutung der Handzeichen

- a - Ruhe
- b - Klatschen
- c - Patschen (= gegen die Oberschenkel schlagen)
- d - Stampfen

Die Übertragung der Signale in Bewegungs- und Geräuschmuster fällt im allgemeinen nicht schwer.
Eine Differenzierung nach "laut" und "leise" kann daher zusätzlich meist schon in der ersten Stunde mit aufgenommen werden . Obige Handzeichen werden hierbei lediglich entweder mit gestreckten oder eingezogenen Armen ausgegeben. Je weiter die Hände also vom Körper

entfernt sind , desto lauter ist auch das Geschehen.

2. Spielen von Geräuschgeschichten

Es bieten sich immer solche Geschichten an , bei denen es zu rhythmischen Abläufen in verschiedener Lautstärke und Klangfarbe kommt. ("In der Fabrik", "Familienspaziergang"...)

Es ist ganz interessant , einige Experimente auf ein Band aufzunehmen. Auf diese Art wird eine Nachbesprechung möglich.

3. Kreatives Produzieren von Lauten

Hier soll versucht werden , die Geräuschkulisse mit Lautproduktionen zu verdichten oder aber die motorisch erzeugten Geräusche völlig zu ersetzen durch Sprache und Stimme.
Der Kreativität der Beteiligten sind fast keine Grenzen gesetzt. Die Vielfalt der möglichen "Hörspiele" ist nahezu unausschöpflich.

Ich will mich hier nur auf ein Beispiel beschränken:

"Das Gewitter"
Zunächst setzen die Mitspieler die Handzeichen des Gruppenleiters in Klatsch- ,Patsch- und Stampfgeräusche um . Simultan zum Geschehen wird die Geschichte eines langsam heranziehenden Gewitters erzählt.

leises Stampfen	=	man hört fernen Donner
leises und kurzes Patschen	=	es beginnt leicht zu regnen
Klatschen	=	dickere Tropfen fallen vom Himmel
Arme werden mehr und mehr gestreckt	=	es regnet immer stärker, der Donner wird laut ...

Die Dynamik von Geräusch-Geschichten kann nun durch den Einsatz von Stimmband und Mund noch verstärkt werden . Gerade Kinder interpretieren solche Inhalte meist von sich aus expressiv und ganzkörperlich.

Wir sollten daher nicht einschränken , wenn in der Aktion das eine oder andere Kind den Donner nicht nur stampft , sondern "Pusch","Peng"... ruft. Auch das Abhören eines Tonbandes darf mit solchen zusätzlichen Bereicherungen begleitet werden.
Wir sammeln schließlich alle Lautmalereien , suchen das geeignete Material aus und spielen erneut nach dem geänderten Plan , etwa:

leichter Regen	=	RRrrr...
starker Regen	=	Schsch...
Hagelschlag	=	Zungenschnalzen
Donner	=	"Patsch"...

Abschließend wird ganz auf die Hand- und Fußgeräusche verzichtet.

THEMA: Z I R K U S D I R E K T O R

THERAPEUTISCHE ZIELE:
auditive, taktile und olfaktorische Aspekte
nonverbale Kommunikation
verschiedene Lautbildungen

MATERIALIEN:
Schellentrommel

VERLAUF:

1. Hören:

Die Kinder sitzen mit geschlossenen Augen frei verteilt im Raum. Der "Zirkusdirektor" wendet sich mit einer Schellentrommel an einzelne "schlafende Tiere".
Hört ein Kind den hellen Schellenklang unmittelbar über seinem Kopf , so steht es auf. Nun folgt es dem"Zirkusdirektor" , der durch Trommelschläge die Richtung und das Tempo bestimmt. Beim erneuten Erklingen der Schellen setzt sich das Kind an Ort und Stelle nieder."Das Tier schläft ein".

Variante - Verschiedene Musikinstrumente werden als Signale für bestimmte Tierarten festgelegt.
Hören die Kinder das Signal der Tierart , für die sie sich entschieden haben , so bewegen sie sich mit geschlossenen Augen tastend in die Richtung des Signals. Dort angekommen ,dürfen sie die Augen öffnen.

2. Riechen:

Billiges Parfüm verbreitet oft einen stark auffälligen Geruch . Der "Zirkusdirektor" verteilt eine wirkungsvolle Menge dieses Parfüms auf seinem Handrücken und nähert sich damit einzelnen Kindern ,die mit verbundenen Augen im Raum verteilt am Boden sitzen . Der Ablauf ist ähnlich wie bei Nr. 1.

3. Deuten von Gesten und Lautieren:

Der "Zirkusdirektor" wendet sich hier mit körpersprachlichen Mitteln an seine "Tiere":

Die Handflächen sind nach oben gerichtet,die Arme werden aufwärts bewegt ⟶ aufstehen

umgekehrt ⟶ setzen

winken ⟶ folgen

Die Handflächen werden offen in die Richtung der Kinder gehalten ⟶ halten

usw...

Die Kinder lassen sich leiten und setzen die Stimmen der Tiere ein , für die sie sich entschieden haben.

Hinweis - Nur wenige Tiere werden mit "festen" Stimmen imitiert (Hund , Katze , Kuh ...) Für Löwen,Elefanten, Affen ... können wir uns vor Spielbeginn auf sprach - therapeutisch wirkungsvolle Laute bzw. Silben einigen!

Variante - "Das Konzert der Zirkustiere"
Die "Tiere" sitzen im Halbkreis . Jedes kennt seine "Stimme".
Am Konzert beteiligen sich immer nur diejenigen "Tiere", die im Winkel zwischen den Armen des Dirigenten liegen. Streckt der Dirigent seine Arme aus , so bedeutet dies "lautes Musizieren".Anders verhält es sich bei angezogenen Armen. Den Rhythmus kann man durch leichtes Taktieren vorgeben. Zwei geballte Fäuste bedeuten eine Pause oder den Abschluß des"Konzerts".

THEMA: B L U M E N G A R T E N

THERAPEUTISCHE ZIELE:

Koordination von Bewegung und Gesang

lockere Schwing-Bewegungen / Laut SCH , S

MATERIALIEN:

Lied -

A Ging ich in den Som-mer - gar - ten ,

wo die Blu - men mich er - war -ten .

B Sag'ich wa-che auf ge-schwind !

Schütt-le dich im Som-mer-wind!

C Sag'ich schla-fe ein ge-schwind!

Schla -fe ein im A -bend-wind!

- 2 - 4 Xylophone oder Metallo-phone in pentatonischer Stimmung:

  2 - 4 Rasseln
- zwei bis vier Musiker

  ein "Vortänzer"

  ein "Wind"
- Blumen aus dem Garten bzw. (selbst gefertigte) Kunstblumen

  Verkleidung und Maske für den"Wind "

VERLAUF:

Die Kinder befinden sich in der Hocke (="Schlafstellung"). Sie bilden einen Kreis . Jedes Kind hält in der Hand eine Blume.

Die Xylophone oder Metallophone werden in Viertelschlägen so angespielt , daß ein pentatonisches Klanggerüst ent - steht.

Nun bewegt sich ein Kind als "Vortänzer" beschwingt von außen her in den Kreis und singt den Teil A des Liedes . Danach verbeugt es sich vor ein oder zwei hockenden Kindern und singt den Teil B weiter.

Die "aufgeweckten Blumen" nehmen eine schwingende Bewe - gung vom Vortänzer auf , indem sie sich aus der Hockestellung möglichst langsam aufrichten. Der Vortänzer verläßt nun wieder den Kreis .
Ein weiteres Kind spielt den "Wind" . Während dieses jetzt den Kreis betritt , gegen die "Blumen" bläst und den "Sch"-Laut dabei bildet , beteiligen sich die Musiker mit den Rasseln am Geschehen und lautieren ebenfalls. Die Musik wird erst wieder fortgesetzt , wenn der "Wind" den Kreis verlassen hat.
Der Vortänzer tritt erneut in Aktion .In gleicher Weise wie oben bereits beschrieben schwingt er sich in den Kreis . Das Spiel wird fortgeführt,bis alle "Blumen aufgeweckt" sind.
Schließlich bewegen sich alle Kinder rhythmisch schwingend. Mit fortgeschrittener Übung versuchen sie aber auch , ihren Gesang mit der Bewegung zu synchronisieren .
Die letzte Strophe des Liedes wird abgewandelt . An den Teil A des Liedes wird gleich der Teil C angehängt.
Während dieses Mal der "Wind" zu etwas sanfteren Bewegungen den S-Laut erzeugt , gehen die Kinder sehr langsam schwingend in die Hocke zurück . "Die Blumen schlafen wieder ein".

THEMA: E L E F A N T

THERAPEUTISCHE ZIELE:
Förderung der Zungenmotorik
Rhythmisches Sprechen und Bewegen

MATERIALIEN :
Elefantenmasken aus festem Papier

Die gestrichelte Linie bedeutet einen Einschnitt.

Man kann die Masken an den Ohren festhalten und auf diese Weise das Gesicht verdecken. Vielleicht ist es aber dennoch ratsam , ein Gummiband einzuziehen ,damit sich die Kinder freier bewegen können.

VERLAUF:

Die Kinder bewegen sich zunächst ohne Masken im Kreis herum und spielen Elefanten .Ihre Arme sind die "Rüssel" .
Die Beine werden rhythmisch und schwer auf dem Boden auf-

gesetzt , wobei folgender Vers gesprochen wird :

"Der Elefant , der Elefant,
stapft munter durch das weite Land.
Er streckt den Rüssel'raus
und denkt sich etwas aus !"

Gemeinsam denken sich die Beteiligten verschiedenste Tätigkeiten aus , die sogleich pantomimisch mit den Armen dargestellt werden, z.B.:

einen schweren Baumstamm aufgreifen und hochheben

einen dürren Ast hoch oben abbrechen

eine schwere Last von der einen auf die andere Seite heben

vor Freude den Rüssel im Kreise schwingen

usw...

Nun setzen sich alle die Masken auf den Kopf ,sprechen oben genannten Vers erneut ,während sie sich im Kreise bewegen. Immer ein Kind darf sich eine neue Rüsselbewegung ausdenken ,die von den anderen sogleich aufgegriffen und imitiert wird.
Allerdings ist jetzt die Zunge der "Rüssel" .Sie wird durch das Loch in der Maske gesteckt.

Hinweise - Es treten kaum Schwierigkeiten auf , wenn die feinmotorische Zungenbewegung zuvor grobmotorisch eingeschliffen wurde.

- Als Schritt zwischen grob- und feinmotorischer Realisation spiele ich mit den Kindern gerne einige Übungen mit dem Zeigefinger durch,welcher ebenfalls durch das Maskenloch gesteckt werden kann.

THEMA : C L O W N

THERAPEUTISCHE ZIELE:
Grobmotorische Förderung
Förderung der Gesichts - ,Zungen- und Mundmotorik
nonverbale Kommunikation
Imitation
MATERIALIEN :
keine

VERLAUF:

Die Teilnehmer sitzen oder stehen im Kreis . Einer wird zum Clown erklärt.
Ein Außenstehender , der nicht weiß , welche Person der Clown ist , soll dies nun erraten. Er tritt in den Kreis. Der Clown "zieht seine große Nummer" ab. Das Problem ist, daß alle Beteiligten jede Bewegung des Clowns sofort imitieren .
Es ist günstig , vor Spielbeginn darauf hinzuweisen , daß nicht ständig neue Bewegungsabfolgen ausgedacht werden.So ist es also sinnvoll ,vor allem kurze Abläufe häufig zu wiederholen. Dies verbessert nicht nur das motorische Geschick , es erschwert zugleich die Suche nach dem Urheber der Bewegung.
Wurde der Clown erraten , so darf er beim neuen Spiel auf die Suche nach dem neuen Clown gehen.

Spielmöglichkeiten:

-aleatorische Bewegungen

-Bewegungen nur der Arme,der Beine,des Rumpfes...

-Bewegungen des Gesichtes - evtl. zuerst schminken und vor einem großen Spiegel spielen

-Bewegungen des Mundes und der Zunge

Variante - In Analogie zur Idee , Bewegungen zu imitieren, lassen sich auch Stimmen nachahmen.

- Laute wie RRrrr..., Ki-ki-ki...,
- Tierstimmen : mäh , miau ...
- Tonhöhen : u  u
- verstellte Stimmen: Hexe , Teufel ...
- Wörter: Hallo , Ja ja ja , ui fein ui ...
- Zungenschnalzen mit verschieden geformten Mundräumen, Pfeifen , Blasen ...

THEMA: G E R Ä U S C H - G A R T E N

THERAPEUTISCHE ZIELE:

auditive , motorische und taktile Aspekte
Gedächtnis
Reihenfolgen
Erleben und Ausdruck

MATERIALIEN:

allerlei Krimskrams aus dem Speicher wie Flaschen, Kochlöffel, Plastikbüchsen, Blechdosen, ausgediente Spielsachen ... Filzstifte oder andere "Schlägel"
An jedem Gegenstand wird eine Schnur angebracht.

VERLAUF:

1. Fühlen:

Jedes Kind nimmt "blind" einen Gegenstand aus einem Sack und fühlt ihn ab:

" Er ist schwer und lang . Er fühlt sich kalt an..."

2. Hören:

- Mit offenen Augen nimmt nun jedes Kind einen bereitgelegten Filzstift in die Hand und schlägt gegen den Gegenstand :

" Die Flasche hört man so!"

Zwei Ratespiele schließen sich an:

- Hinter dem Rücken der Kinder wird ein Gegenstand angeschlagen:

"Wie oft wurde angeschlagen?
Welchen Gegenstand hast du gehört?"

- Jetzt wird hintereinander an mehrere Gegenstände geklopft. Die Kinder sollen erkennen ,was im Spiel war und sich möglichst auch an die Reihenfolge erinnern.

3. Erleben:

Die Gegenstände werden in einem möglichst leeren Raum großzügig verteilt am Boden niedergelegt. Die Kinder kriechen mit verbundenen Augen in diesen Raum, suchen sich irgendeinen Gegenstand und klopfen mit ihren Stiften dagegen.
Bei größeren Kindern kann man den Raum zugleich mit ausladenden und tief hängenden Girlanden versehen. Somit erreicht man die Geräuschkörper nur über Hindernisse. (Vorsicht bei Angstkindern!)
Spielmöglichkeiten:

- Die Kinder suchen im "Garten" das schönste Geräusch und bleiben dann an dieser Stelle.
- Sie dürfen erst wieder weiterkrabbeln, wenn sie den Namen des Gegenstandes erraten haben.
- Sie nehmen einen Gegenstand auf, klopfen gegen ihn und suchen, während sie klopfen, einen "Kommunikationspartner".

Die Augenbinden werden abgenommen:

- Die Kinder sind im "Zauberwald". Jedes von ihnen hat ein "Instrument" in der Hand.
  Der Gruppenleiter erzählt eine Geschichte, die in geeigneter Weise mit einer Geräuschkulisse versehen wird.
- Ein oder mehrere Kinder tanzen nach einer Geräuschmusik. Es sollte beachtet werden, daß der Charakter der "Musik" erfaßt wird, z.B.

schnell	-	langsam
leise	-	laut
hell	-	dunkel
"einstimmig"	-	"mehrstimmig"

4. Rhythmisieren

Es ist günstig , wenn die Kinder die Namen der ausgewählten Geräusch-Gegenstände kennen. Hier soll jeder Gegenstand einmal seinen Namen "selber sagen":

Kochlöffel	3 X klopfen
Flasche	2 X klopfen
Spielzeug-Krokodil	5 X klopfen

Die Silbenzahl bestimmt also den Namen.

Umgekehrt sollte auch jedes Kind einen Gegenstand nach der Klopf-Anweisung des Gruppenleiters aufgreifen können.

5. Tägliches Üben

Sinnvollerweise gibt man den Gegenständen einen festen Ort im Raum. Es kann Tag für Tag gespielt werden , wenn etwa in der Ecke des Raumes Haken angebracht sind , an welchen die Gegenstände aufgehängt werden können.
Auf diese Weise gelingt es auch den Schwächeren, durch häufiges Hinhören ein Geräusch sicher zu erkennen.

THEMA: T A N Z

THERAPEUTISCHE ZIELE:

Kreativität
Imitation von Bewegung und Bewegungsfolgen
Schulung des Gedächtnisses für Bewegungen und Lautmalereien
Koordination von Bewegung und Sprache
Variation der Intensität von Bewegung und Sprache
Koordination der Intensitäten von Bewegung und Sprache

MATERIALIEN:

Musikstück im 4/4 Takt , bei dem zugleich vier Takte eine Sequenz bilden (z.B."Dixieland")

VERLAUF:

1. Nachahmen von Bewegungen:
   Der Gruppenleiter schaltet das Musikstück ein und demonstriert einen Takt lang eine langsame, zwei mittlere oder vier schnelle Bewegungen.

   Diese Bewegungen werden im zweiten Takt von den Kindern nachgeahmt.

   Im dritten Takt wiederholt sich der Gruppenleiter oder er initiiert eine neue Bewegung .

   Einige Beispiele für solche Bewegungen:
   Hüpfen , sich verbeugen , mit dem Kopf nicken , in die Hände klatschen , in die Luft boxen , aufstampfen , sich rhythmisch drehen ....

2. Einprägen von Reihenfolgen bei Bewegungen:
   Hier wird ähnlich verfahren wie oben . Nur demonstriert der Gruppenleiter über vier Takte

hinweg vier verschiedene Bewegungen.

3. Erfinden von neuen Bewegungen:
Jedes Kind bewegt sich einen oder mehrere Takte lang in kreativer Weise und wird vom nächsten mit einer anderen Bewegung abgelöst.

4. Verstärken oder Abschwächen einer Bewegung:
Eine bestimmte Bewegung oder Bewegungsfolge wird nur andeutungsweise begonnen und von Sequenz zu Sequenz verstärkt.
Die umgekehrte Übung ist noch wirkungsvoller, weil bei der Reduktion einer Bewegung letztlich nicht mehr gesehen , sondern nur noch gefühlt wird.

Hinweis - Es ist sinnvoll , die Lautstärke der Musik an die Intensität der Bewegung anzupassen.

5. Einbeziehung der Sprache:
Ich konnte immer wieder die Feststellung machen , daß tänzerische Bewegungen besser erbracht werden, wenn sie lautmalerisch in geeigneter Weise unterstützt werden.
So ist es günstig , lockere und leichte Bewegungen mit gedehnten Lauten oder Silben akustisch zu untermalen:

Kopfkreisen --- "Siii"
Armkreisen --- "Seee"
Körperkreisen --- "Schooo"
Beinkreisen --- "Schuuu"

s. Thema:"Bienengesumm"

Verschlußlaute eignen sich hingegen bei kraftvollen und abrupten Gestaltungen:

Boxen --- "Tack"
Stampfen --- "Pusch"
Klatschen --- "Klick"

Es gibt eine Vielzahl von Möglichkeiten bei den Lautmalereien , so daß ganz spezifisch auf die sprachlichen Bedingungen und Bedürfnisse der jeweiligen Gruppe eingegangen werden kann.

Ganz besonders instruktiv erscheinen mir solche Spiele zu sein , bei denen sich die Sprache auf die Variation der Bewegungsintensität einstellen soll.(Nr.4)
Hier entwickeln Kinder oft ein sehr gutes Körpergefühl . Vor allem bei der Rücknahme der Bewegung erleben sie auch die Funktionalität im Mundbereich bewußter. Einerseits wird die Artikulation positiv stabilisiert , andrerseits werden die Laute in ihrer Veränderbarkeit erlebt. Hier ein ungefähres Muster einiger Veränderungen:

große Intensität	kleine Intensität
P T K	annähernd B D G
Vokale	ə = kurzer,unbetonter,schwacher e-Laut :hatt<u>e</u>
W M N NG	schwaches H

THEMA: U N T E R H A L T U N G D E R T I E R E

THERAPEUTISCHE ZIELE:

Erprobung verschiedener Kommunikationsebenen
schwierige Lautbildungen

MATERIALIEN:

Tierkärtchen
zwei Tamburine

VERLAUF:

1.Darstellen und Raten:

Jedes Kind nimmt sich verdeckt ein Tierkärtchen. Das abgebildete Tier soll durch Bewegung und/oder Stimme dargestellt werden . Die anderen Kinder dürfen es erraten.

2.Freies "Reden":

Nachdem für jedes Tier ein Ruf gefunden ist, unterhalten sich die "Tiere" miteinander . Dies führt zunächst zu einem großen "Rede"-Durcheinander . Es klingt "wie im Urwald".
Das Nacheinander beim kommunikativen Gespräch wird als sinnvolle Regelung gefunden.

3.Erproben verschiedener Kommunikationsebenen:

a- Einfaches Zwiegespräch
"Zwei Trommeln unterhalten sich"
Die beiden Tamburine dürfen nicht zum selben Zeitpunkt angeschlagen werden . Das Grund - prinzip ist ,daß jeder die "Rede" des anderen abwarten muß , bevor er "spricht".

b- Die Artikulation beim Zwiegespräch
"Zwei Tiere unterhalten sich "
Hier gilt das bei a) Gesagte . Nur werden Tierstimmen verwendet.

c- Die Affekte beim Zwiegespräch
"Wie sich die beiden Tiere fühlen"

Zwei Kinder sollen nicht nur mit stimmlichen, sondern auch mit mimischen und gestischen Mitteln Affekte demonstrieren :Lustigkeit , Freude ,Trauer , Ärger ...
Es ist günstig , wenn die dargestellten Gefühle nicht nur global gedeutet werden , sondern kindgemäß in kurze Geschichten eingekleidet werden ,etwa:

> "Der Hund ist böse auf die Katze,
> weil sie ihm alles weggefressen
> hat."

d- Die Sprechmelodie beim Zwiegespräch
Besonders signifikant ist das Frage-Antwort-Schema. Ein Tier fragt etwas , das andere Tier gibt die Antwort:

brumm-brumm-b.....   piep-piep - p.....

Die Kinder können beobachten, ob immer gut gefragt wurde /wie oft gefragt wurde ...

e- Die Sprechmelodie und der Affekt b.Z.
Das bei c) und d) Gesagte wird kombiniert.

f- Sprechmelodie und Sprache b. Z.
"Der Elefant fragt den Löwen"
Das Gelernte soll nun in einfachen Sätzen angewendet werden:

> "Wie heißt du?"
> "Ich bin der Löwe Bum!"
> "Wo ....

Es ist sinnvoll , die Sprechmelodie nicht nur stimmlich zu erzeugen , sondern sie auch optisch durch eine entsprechende Armbewegung zu ergänzen.

g- Anwendung

"Meister Jakob"
Das bekannte Lied vom Meister Jakob wird einmal nicht gesungen , sondern nur stimmlich moduliert gesprochen.

Der "Meister Jakob" legt sich schlafend und schnarchend in die Mitte eines Kreises .

Die übrigen Kinder sprechen ihn an , indem sie Affekt , Sprechmelodie und Sprache synchron einsetzen:

"Meister Jakob,Meister Jakob"
- ärgerliches Gesicht , auf den Boden stampfen...

"Schläfst du noch? Schläfst du noch ?"
- Die Arme werden der Sprechmelodie entsprechend vom Körper weg nach oben geführt. Körpersprachlich gesehen ist dies zugleich ein Ausdruck der Verzweiflung.

"Hörst du nicht die Glocken?Hörst du nicht die Glocken?"
- wie oben

"Ding-dang-dong , ding-dang-dong."
- Glockenbewegung mit den Armen

Der "Meister Jakob" kann die verärgerte Stimmung noch "anheizen", indem er apathisch auf einige Fragen antwortet:

> "Ich bin noch so müde!"
> "Laßt mich doch in Ruhe!"
> "Gleich stecke ich Watte in meine Ohren!"
> usw.

THEMA: M Ä U S E

THERAPEUTISCHE ZIELE:

Vorform des"autogenen Trainings"
Einübung des Wechsels von Spannung und Entspannung mit dem Ziel besserer Entspannung

MATERIALIEN:

rutschfeste Teppiche , Tamburin

VERLAUF:

In der Mitte des Raumes ist ein "Mäusenest". Hierbei handelt es sich um ein freies und abgegrenztes Feld am Boden . Dieses Feld sollte möglichst mit einem weichen und rutschfesten Teppich oder mehreren Teppichresten ausgelegt sein .Wichtig ist auch , daß alle Kinder in ausgestreckter Rückenlage darauf Platz finden.

Das Spiel kann beginnen. Ausgangspunkt ist das "Mäusenest" , in dem die Kinder ("Mäuse") in Rückenlage zur Ruhe kommen.

Der Gruppenleiter spricht mit ruhiger,etwas abgesenkter und besänftigender Stimme mehrmals folgende Sätze:

> "Alle Mäuse sind ganz ruhig ....
> Sie wollen schlafen , tief schlafen...
> Der linke Arm ist ganz ruhig und locker ...
> Der rechte Arm ...
> Beide Arme .... . Sie werden immer schwerer.
> Das linke Bein ist ganz ruhig und locker...
> Das rechte Bein...
> Beide Beine...
> Die ganze Maus ist ganz ruhig und entspannt."

Im Folgenden kann sich die Stimme etwas heben:

> "Wenn die Uhr jetzt zwölf Mal geschlagen hat,

> wachen alle Mäuse wieder auf und kriechen
> aus ihren Löchern heraus. Eins,zwei...
> (Tamburin anschlagen!) "

Beim zwölften Schlag ruft der Gruppenleiter laut:

> "Die Mäuse strecken sich , reiben ihre Augen und krabbeln heraus,weit heraus.Sie krabbeln zum Kuchen,zum Käse...."

Plötzlich vernehmen die Kinder ein lautes "Miau, die Katze kommt!" Die "Mäuse" versuchen schnell, in das "Mäusenest" zurückzukommen . Doch die "Katze" erwischt das eine oder andere Kind .

Jetzt entspannen sich die Kinder wieder in Rückenlage.Ein neues Spiel kann begonnen werden.

Hinweis:

Der Gruppenleiter wird die Phase der Entspannung stärker gewichten als die Phase der Anspannung.
Nach einer gewissen Übungszeit wird er also folgendes tun:
Er prüft bei einigen Kindern den Grad der Entspannung nach.
Arme und Beine sollten beim leichten Abheben vom Boden locker und schwer in der Hand liegen bleiben!

THEMA: B L U M E N W I E S E

THERAPEUTISCHE ZIELE:

Schulung der imaginativen Fähigkeiten

Selbsterfahrung

Vorstufe der "Tagtraumtechnik" (Katathymes Bilderleben)

Verbalisieren von Traumbildern und Gefühlen

HINWEIS:

Das Thema "Mäuse" ist vorausgesetzt!

MATERIALIEN:

rutschfeste Teppiche

Malstifte und Papier

VERLAUF:

Die Kinder befinden sich wie beim Thema "Mäuse" in Rückenlage auf einem weichen Teppich . Es gelingt ihnen bereits , in dieser Weise mit geschlossenen Augen locker und entspannt für 2 - 3 Minuten völlig ruhig zu verweilen.

Der Gruppenleiter wirkt mit langsamer , etwas abgesenkter und besänftigender Stimme etwa so auf die Kinder ein:

"Ich bin jetzt ganz ruhig und entspannt!"

Kurze Pause (2o -3oSekunden)

"Ich bin jetzt ganz ruhig und entspannt!"

Kurze Pause

"Ich stelle mir vor , ich liege entspannt auf einer Wiese mit schönen Blumen. - Die Sonne scheint angenehm warm. - Schmetterlinge fliegen herum. - Es duftet wunderbar."

Kurze Pause

"Ich schaue mich auf der Wiese um . - Ist sie groß oder klein ? - Sind Bäume zu erkennen ? Was sieht man am Rand ? - Sind Menschen oder Tiere da ? - Ich schaue mich auf der Wiese genau um !"

Nach einer Pause von ca. drei Minuten sollen die Kinder wieder "aufwachen" , ohne Erscheinungen von Müdigkeit zu zeigen. Es ist daher angebracht, diesen leicht hypnoiden Zustand folgendermaßen zu beenden:

"Ich ziehe Arme und Beine kräftig an den Körper heran!"
"Ich atme dreimal tief durch !"

"Ich öffne die Augen!"

Der bis hierher aufgezeigte Ablauf des Tagträumens führt bei den Kindern meist schon nach dem zweiten oder dritten Versuch zum vollen Erfolg.
Die Kinder wirken nicht nur äußerlich ruhiger , es macht ihnen auch Spaß , über ihre Traumerlebnisse zu erzählen.
Die anfängliche Unsicherheit des Gruppenleiters verliert sich meist recht schnell , wenn er entdeckt, daß sich die Kinder bis auf wenige Ausnahmen (z.B. neuropathische oder hypermotorische Kinder) auf die "Traumstunde" freuen.
Gerade diese Freude am Erzählen von selbst erlebten Träumen hat mich veranlaßt , dieses Thema mit in dieses Buch aufzunehmen.
Es ist geradezu erstaunlich , wie leidenschaftlich sich hier oft Kinder mitteilen , die sonst nicht viel reden und Interaktionen ständig ausweichen.

Die erzählten Geschichten sind manchmal freilich alles andere als "idyllisch". Insbesondere Kinder mit einer problematischen Vergangenheit arbeiten ihre inneren Dysharmonien gelegentlich vehement

auf.Sie lassen beispielsweise"Panzer auffahren ,Blut fließen ...."
Eine "Blumenwiese" und all die positiven Erfahrungen, die sich mit ihr verbinden , hat sich bei ihnen als Bild jedenfalls nicht manifestiert .

Generell kann gesagt werden , daß mit den erträumten Geschichten ähnlich wie beim Märchen Inhalte vermittelt werden , die aufgrund ihrer archetypischen Grundstruktur von den Zuhörern mit Interesse verfolgt werden.
Vor allem sollten Fragen von seiten der Kinder zu den Träumen nicht abgewürgt werden. Dieses"Anteilnehmen " fördert das Verständnis für die Gruppe ungemein.

Oft konnte ich die Erfahrung machen , daß einige Kinder nicht voll damit zufrieden waren , ihre Erlebnisse nur zu schildern . Sie nahmen den Vorschlag gerne an, das Wichtigste noch einmal in einem Bild festzuhalten.

LITERATURVERZEICHNIS

Weinert , H. - Die Bekämpfung von Sprechfehlern
Berlin 1974 / 7.Al.

Zuckrigl,H.u.A.
Helbling,H. - Rhythmik hilft behinderten Kindern
München / Basel 1976

Wils , L. - Spielenderweise
Leverkusen 1977

Orff , G. - Die Orff-Musiktherapie
München 1974

Oaklander , V. - Gestalttherapie mit Kindern und
Jugendlichen Stuttgart 1981

Rambert , M. - Das Puppenspiel in der Kinder-
psychotherapie
München 1977/ 2.Al.

Leuner H.
Horn G.
Klessmann E. - Katathymes Bilderleben mit Kin-
dern und Jugendlichen
München /Basel 1977

Postmayer B. - Autogenes Training für Kinder
München 1969

WEITERE PRAXISBÜCHER VON GISELHER GOLLWITZ

* 100 neue Sprechspiele - Band I
* 100 neue Sprechspiele - Band II
* Sprach- und Kommunikationsförderung in musischen Einheiten
* Bildermix zum Sprechen lernen
* Mit Krimskrams spielend Sprechen lernen
* Laute erleben, finden und gestalten
* Tiergeschichten zum Sprechen lernen
* Kasperltheater zum Sprechen lernen
* Heiteres Tierratespiel
* Musikalische Geschichten zum Sprechen lernen (Lehrbuch und Musik-Kassette)
* Sprechspiele für Näsler
* Geheimnisvolle Wortzaubereien (Kartenspiel)
* Die Praxis einer ganzheitlichen Sprachförderung
* Richtig und fließend Sprechen lernen - die Praxis einer gestaltpädagogischen Sprachförderung
* Vom Laut zur Grammatik

AKTUELLE PROSPEKTE KÖNNEN JEDERZEIT ANGEFORDERT WERDEN!